Ingo Grabowsky

Ketzer, Chemtrails und Corona

Die mysteriöse Welt der Verschwörungstheorien und Geheimbünde

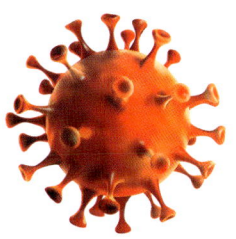

Impressum

HEEL Verlag GmbH
Gut Pottscheidt
53639 Königswinter
Tel.: 02223 9230-0
Fax: 02223 9230-13
E-Mail: info@heel-verlag.de
Internet: www.heel-verlag.de

© 2020 HEEL Verlag GmbH

Autor: Ingo Grabowsky
Projektleitung: Hannah Kwella
Lektorat: Elisabeth Lewerenz
Satz und Gestaltung: Ralph Handmann

Bildnachweis:
© Adobe Stock: carloscastilla (S. 4), peterschreiber.media (S. 6), dachux21 (S. 9), markus dehlzeit (S. 10), ruskpp (S. 16), Erica Guilane-Nachez (S. 17), AVTG (S. 28), Engineer (S. 42), Emilio Ereza (S. 49), dimazel (S. 110), dottedyeti (S. 113), elen31 (S. 117), Jean-Marie MAILLET (S. 121), Ulf (S. 130), xiaoliangge (S. 134), phichak (S. 141), lotusa (S. 142), ink drop (S. 144), David Edwards (S. 152)

© Dr. Klaus Waschik | www.russianposter.ru: S. 95

© Privatarchiv Michael Hagemeister: S. 59, S. 61

© Privatarchiv: S. 88, S. 90, S. 92

© Picture alliance: Mary Evans Picture Library (S. 21), akg-images (S. 73), United Archives/TopFoto (S. 81), ZUMAPRESS.com | KEYSTONE Pictures (S. 105), Brian Snyder (S. 115)

© Stiftung Kloster Dalheim. LWL-Landesmuseum für Klosterkultur: S. 7, S. 25, S. 32, S. 35, S. 40, S. 55, S. 76, S. 78, S. 86, S. 101, S. 104, S. 108, S. 119, S. 123, S. 137

© Wikipedia.de: S. 12, S. 15, S. 71

Printed in Latvia

ISBN: 978-3-96664-130-2

Ingo Grabowsky

Ketzer, Chemtrails und Corona

Die mysteriöse Welt der Verschwörungstheorien und Geheimbünde

INHALT

Einleitung 6

Klassische Vorbilder? –
Verschwörungstheorien in der Antike 11

Sodomie und Hostienfrevel? – Das Mittelalter 17

Phantastische Anfänge und weltkluge Berechnung –
Die Jesuiten 31

Heimliche Streiter für Weisheit und Tugend –
Freimaurer, Rosenkreuzer und Illuminaten 42

Prager Friedhöfe und Berner Prozesse –
Die Protokolle der Weisen von Zion 58

Der „Dolchstoß" und die Folgen –
Verschwörungstheorien zwischen den Kriegen
und im Nationalsozialismus 69

Festung der Würdigen –
Verschwörungstheorien in der Sowjetunion 86

Von Käfern und Kraken – Verschwörungstheorien
im Kalten Krieg. 99

Nicht von dieser Welt – Verschwörer aus dem All . . 110

Brandgefährlich –
Politische Verschwörungstheorien heute 120

Gekaufte Wissenschaft? – Chemtrails, Corona
und der Antichrist 133

Schluss: Verschwörungstheorien und Eliten 148

Dank 153

Weiterführende Literatur. 154

Namensregister 156

Einleitung

Realität ist etwas für Menschen, die mit Verschwörungstheorien nicht umgehen können. Gegenwärtige Ereignisse bestätigen die Gewissheit, dass sich Verschwörungstheorien auch in einer Zeit, die sich eigentlich für aufgeklärt hält, so schnell verbreiten können wie ein aggressives Virus. Sie verdrängen die Wirklichkeit und zeigen so, welche Gefahr von ihnen ausgehen kann, zumal es für Verschwörungstheorien mit Sicherheit nie eine wirksame Impfung geben wird.

Ob Wuhan, Bergamo, Gütersloh oder New York: Das Corona-Virus hält im Jahr 2020 die Welt im Griff. Hunderttausende sterben, die Wirtschaft leidet wahrscheinlich noch jahrelang an den Folgen der Pandemie. Museen schließen, Konzerte, Theateraufführungen und Fußballspiele werden abgesagt. Die bisher größte Herausforderung des 21. Jahrhunderts ist eingetreten – und gebracht hat sie eine Katastrophe, die keinen Sinn zu haben scheint. Da die Stammtische sich nicht mehr treffen können, kursieren die Gerüchte stattdessen im Internet: Wer trägt die Schuld an diesem Unglück biblischen Ausmaßes? Verschwörungstheorien machen die Runde, um das zu deuten, was unerklärbar scheint. Der amerikanische Präsident Donald Trump, ein versierter Verschwörungspropagandist, macht Chi-

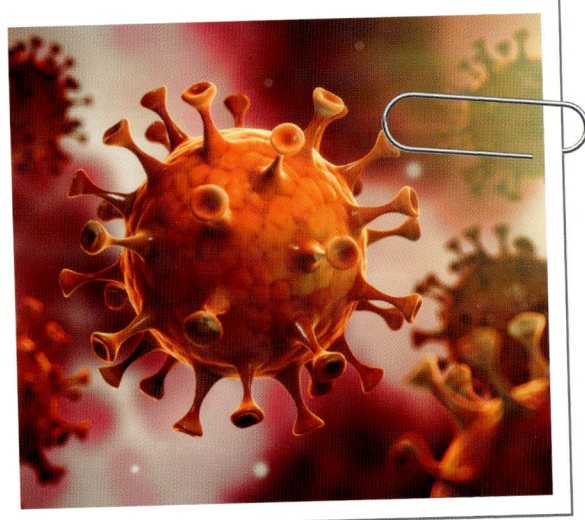

Eine Erfindung böser Mächte? Corona-Viren bedrohen die Gesellschaft in mehrfacher Hinsicht

Zur Schau gestellt: Blick in die Sonderausstellung „Verschwörungs-theorien – früher und heute" im LWL-Museum Kloster Dalheim

nesen und Europäer für die Ausbreitung des Virus verantwortlich. In China sucht man den Sündenbock wiederum beim amerikanischen Geheimdienst. Medien aus den arabischen Staaten bleiben bei den üblichen Verdächtigen: Schuld sind ihrer Meinung nach die Juden, in Kooperation mit den Vereinigten Staaten. Ungewöhnlich an den Verschwörungstheorien rund um Corona ist höchstens, wie viele von ihnen sich um dieses eine Thema ranken und wie wenig diese miteinander zusammenzuhängen scheinen. Über kurz oder lang wird sich jedoch – das ist beinahe sicher – jemand finden, der die unterschiedlichen Erzählstränge miteinander verbindet.

Das Virus an sich mag neu sein, doch Verschwörungstheorien, die den Ausbruch von Seuchen begreiflich machen sollen, sind es nicht. Bereits in der Antike und im Mittelalter wurde auf diese Methode der Welterklärung zurückgegriffen.

Was ist eine Verschwörungstheorie?

Ob beim Blick in die Fernsehnachrichten oder in die Zeitung, auch schon vor der Corona-Pandemie begegneten uns Verschwörungstheorien beinahe täglich. Der Philosoph Karl Popper prägte den Begriff in seinem 1945 erschienenen Werk über *Die offene Gesellschaft und ihre Feinde*. Verschwörungstheorien behaupten, so Popper, dass alle „Kriege, Arbeitslosigkeit, Armut, Mangelerscheinungen" auf einen Plan „von Seiten gewisser mächtiger Individuen oder Gruppen" zurückzuführen sind. Hinter jedem auch noch so unbedeutendem nachteiligen Ereignis stecke demnach eine Bande von Verschwörern, die versucht, das Land oder auch die ganze Welt zu kontrollieren.

Heute unterscheiden Wissenschaftler zwischen unterschiedlichen Kategorien des Verschwörungsdenkens: Ereignisverschwörungstheorien vermuten eine Gruppe von Verschwörern hinter einem klar abgrenzbaren, einzelnen historischen Ereignis. Der Mord an John F. Kennedy oder auch die Anschläge des 11. September sind Beispiele dafür. Systemverschwörungstheorien hingegen gehen davon aus, dass eine Gruppe von Verschwörern über einen langen Zeitraum im Geheimen agiert und versucht, die Macht zu erringen oder zu verteidigen. Illuminaten, Juden oder Jesuiten sind angebliche Systemverschwörer.

Eine weitere Kategorie ist die Superverschwörungstheorie. Von einer solchen ist die Rede, wenn unterschiedliche Systemverschwörungstheorien miteinander verschmolzen werden, wenn etwa davon ausgegangen wird, dass Illuminaten, Freimaurer und Juden Hand in Hand arbeiten, um die Welt unter ihre Gewalt zu bringen. In der Praxis lassen sich diese Modelle nicht klar voneinander abgrenzen, denn häufig vermischen sich die unterschiedlichen Typen: Die meisten Unterstellungen zu den Anschlägen vom 11. September sehen hinter der angeblichen Ereignisverschwörung ein dunkles System, das dafür verantwortlich ist.

Ins Netz gegangen? Angebliche Verschwörer werden häufig mit Spinnen verglichen

Theorie ohne Wissenschaftlichkeit?

Nicht alle Forscher halten den Begriff „Verschwörungstheorie" für geglückt. Manche Wissenschaftler empfehlen, stattdessen zwischen Verschwörungshypothesen, Verschwörungsideologien, Verschwörungsmythen und Verschwörungstheorien zu unterscheiden. Der Begriff Verschwörungstheorie ist in der Wissenschaft auch deswegen umstritten, weil es sich bei Theorien gemeinhin um rational begründete, wissenschaftliche Annahmen handelt. Verschwörungstheorien aber gaukeln Wissenschaftlichkeit lediglich vor.

Vereinzelt wird der Begriff aber aus ganz anderen Gründen kritisiert. So bezeichnete der französische Kulturphilosoph Michel Foucault Verschwörungstheorien als „disqualifiziertes Wissen". Seiner Meinung nach würden Verschwörungstheoretiker automatisch als Paranoiker oder Extremisten abgestempelt und vom Mainstream abweichendes Denken würde durch den Begriff Verschwörungstheorie delegitimiert und disqualifiziert – eine Behauptung, die unserer Tage auch bei den Corona-Protesten zu hören ist. Damit ist gemeint: Vielleicht ist auch irgendetwas dran an der ein oder anderen Verschwörungstheorie. Insgesamt jedoch hat sich in der Wissenschaft die Auffassung Poppers durchgesetzt: Verschwörungstheorien sind nahezu sämtlich als Phantasieprodukte einzuordnen.

Verschwörungstheorien durch die Jahrhunderte

Der vorliegende Band erzählt die Geschichte des verschwörungstheoretischen Denkens von den Anfängen in der Antike bis in die unmittelbare Gegenwart. Die Geschichte der Verschwörungstheorien beginnt mit den Alten Griechen und Römern. Im Mittelalter wurde verschiedensten Gruppen wie Templern, „Hexen" und Juden unterstellt, mit dem Teufel zu paktieren und Ketzerei zu treiben. Weltumspannende Gruppen wie Jesuiten oder Freimaurer gerieten in der Neuzeit ins Visier der Verschwörungstheoretiker. Grundlegend für die Staatsräson wurden Verschwörungstheorien in den totalitären Regimen des 20. Jahrhunderts, im Nationalsozialismus und im Kommunismus – mit tödlichen Folgen für Millionen von Menschen. Galten Verschwörungstheorien nach dem Zweiten Weltkrieg allgemein als verpönt, erleben sie mit dem Siegeszug des Internets und mit dem Aufkommen mächtiger populistischer Bewegungen in vielen Ländern der Erde einen neuen Aufschwung: Der Glaube an Reptiloide, *Chemtrails* und eine angeblich nur erfundene Pandemie namens Corona richtet sich gegen die Demokratie, nicht zuletzt auch in Deutschland.

Geheime Zeichen? Zirkel, Winkelmaß
und allsehendes Auge sind Symbole der Freimaurer

Klassische Vorbilder? – Verschwörungstheorien in der Antike

Biegsame Geschichtsschreiber, erfinderische Juristen, singende Kaiser, christliche Sündenböcke – und Verschwörungstheorien: In der Antike scheint alles schon einmal da gewesen zu sein, was uns bis heute begleitet. Aber sollten wir uns wirklich immer an den Klassikern ausrichten?

Verschwörungsdenken war bereits den Alten Griechen nicht fremd. Schon der Trojanische Krieg, den die Griechen als historisches Ereignis verstanden, rührt aus einer Verschwörung der Götter. Und Verschwörungen prägten, glaubt man dem Dichter Homer, den Krieg selbst. Die Eroberung Trojas gelang durch die konspirative Idee, ein hölzernes Pferd voller Krieger in die Stadt zu schmuggeln. Auch in der als geschichtlich geltenden Welt der Griechen waren Verschwörungen oder die Rede davon an der Tagesordnung.

In der Rhetorik tauchten Verschwörungen ebenfalls häufig auf. Redner wie der gegen die aufkommende makedonische Macht kämpfende Athener Demosthenes operierten ausgiebig mit Verschwörungsunterstellungen. Diese richteten sich allerdings, anders als in der Gegenwart, nicht gegen anonyme, übermächtig scheinende Gruppen, die im Hintergrund die Fäden zogen. Vielmehr zielten die athenischen Oratoren mit ihren Unterstellungen auf konkrete Personen: Demosthenes etwa unterstellte seinen politischen Gegnern, heimlich mit König Philipp II. von Makedonien im Bunde zu sein. Weltverschwörungspläne gehörten nicht zum Repertoire der Vorwürfe, den angeblichen (oder tatsächlichen – das lässt sich heute kaum noch entscheiden) Verschwörern wurden stattdessen konkrete Ziele unterstellt. Auch in der Antike fanden Verschwörungstheorien besondere Resonanz in Krisensituationen – hier etwa infolge der Bedrohung der athenischen Freiheit durch Makedonien. Persönliches oder gesellschaftliches Unglück wurde auf Gruppen von Übelwollenden zurückgeführt.

Catilina, Cicero und Caesar – Die Römische Republik

In der späten Römischen Republik gesellten sich dann die Verschwörungstheorien zu den Verschwörungen. Zentrale Figuren in diesem Gewebe waren die Staatsmänner und Literaten Marcus Tullius Cicero und Caius Iulius Caesar. Beide wirkten Mitte des ersten vorchristlichen Jahrhunderts. Cicero, der etwas Ältere, verteidigte als Politiker und Literat die hergebrachte Römische Republik. Caesar hingegen räumte das alte System beiseite und schwang sich zum Alleinherrscher auf. Damit bereitete er den Weg für das römische Kaisertum, das die folgenden Jahrhunderte prägte.

Im Prinzip schien die politische Struktur in Rom zunächst nicht eben förderlich für Verschwörungen zu sein, denn Politik galt als *res publica* (lat. öffentliche Angelegenheit). Politische und juristische Entscheidungen wurden öffentlich diskutiert und entschieden, nächtliche Versammlungen waren verboten. Cicero zum Beispiel wohnte in einem Haus, das seinerzeit der Volkstribun Livius Drusus hatte erbauen lassen. Es war so konstruiert, dass alles, was er tat, „von jedermann beobachtet werden" konnte.

Im Jahr 70 v. Chr. führte Cicero als Anwalt der Geschädigten einen Prozess gegen den ehemaligen Statthalter von Sizilien, Verres. Dieser hatte sich während seiner von 73 bis 71 dauernden Amts-

Zunächst gelungen: Eine der berühmtesten Verschwörungen der Geschichte richtete sich gegen Iulius Caesar

zeit brutal auf Kosten der Bevölkerung bereichert. Ciceros Reden gegen Verres werden als „Urtext des römischen Konspirationismus" bezeichnet, denn Cicero habe Verres neben den tatsächlichen Vergehen außerdem Dinge unterstellt, die dieser nicht begangen habe. Unter anderem habe er ihn mit Hilfe „vermeintlich eindeutiger Zeugenaussagen und dubioser Deduktionen" bezichtigt, Sklavenaufstände, die in Wirklichkeit gar nicht stattfanden, unterstützt zu haben. Diese Einordnung erscheint etwas überspitzt, denn vieles in den Verrinischen Reden Ciceros ist sicher Teil gerichtsüblicher Übertreibung und Effekthascherei, die vermutlich auch das Publikum als solche wahrnahm. Ohne Zweifel hatte Verres als Statthalter Siziliens bei der Ausbeutung der Provinz unzählige Verbrechen begangen. Vor allem hatte er die Zeit seiner Statthalterschaft dazu genutzt, seine zerrütteten Vermögensverhältnisse zu sanieren, indem er den Einwohnern der Insel Millionensummen abpresste. Zudem konnte Cicero in seiner Darstellung auf frische Ängste zurückgreifen, denn der Aufstand des Spartacus hatte ein Jahr vor dem Prozess Rom vielleicht nicht existentiell bedroht, so aber doch immerhin in erhebliche Aufregung versetzt.

Mag es also etwas übertrieben erscheinen, Cicero als Verschwörungstheoretiker zu sehen, so griff er in seinen Reden dennoch auf einen ausgeprägten Dualismus von Gut und Böse zurück: Den *improbi* (lat. die Bösen), den Feinden der Republik, standen die *boni* (lat. die Gutgesinnten) gegenüber – eine Polarisierung, die auch heutigem verschwörungstheoretischen Denken nicht fremd ist. Cicero wusste aber auch, dass seine Zuhörer jederzeit mit Komplotten rechnen mussten. Die von ihm aufgedeckte Verschwörung des Catilina, der sich das Amt des Konsuls durch eine Intrige verschaffen wollte, ist nur ein Beispiel für die Krise des römischen Staatswesens. Nicht zu Unrecht führte daher Ciceros Zeitgenosse, der Geschichtsschreiber Sallust, den Untergang der Republik auf den Verfall der Werte zurück. „Habgier und Machtstreben" hätten die Oberhand gewonnen – und dieses Urteil fasst wohl tatsächlich die herrschende Mentalität unter der Oberschicht zusammen. Der Mord an Caesar gilt bis heute als Musterbeispiel einer erfolgreichen Verschwörung. Und doch bilden diese beiden Ereignisse, die Catilinarische Verschwörung gegen die Republik und das Komplott gegen den Diktator, der diese beerbt hatte, lediglich die Spitze des Eisbergs.

Der Mord an Caesar, die neben dem Oktoberputsch in Russland 1917 wohl berühmteste Verschwörung der Weltgeschichte, konnte die Republik jedoch nicht retten, zumal die Verschwörer für den Fall, dass sie erfolgreich sein würden, kein zielführendes Vorgehen durchdacht hatten. Fast mag es nicht ganz zutreffend sein, hier überhaupt von einer Verschwörung zu sprechen. Eingeweiht in den Plan, Caesar im Senat zu töten, waren über 60 Personen. Ihre Aktion sahen sie nicht als illegales Vorhaben, sondern als Akt, die legitime Ordnung wiederherzustellen. Daher tauschten sie keine Eide aus, legten nicht auf besondere Geheimhaltung wert und verschonten – das war vielleicht ihr größter Fehler – den amtierenden Konsul Mark Anton, Caesars vertrauten Mitstreiter.

Caesar selbst – psychisch und körperlich angeschlagen nach Jahrzehnten der Kriege gegen außen- und innenpolitische Feinde – sah sein Leben fatalistisch in Händen der Schicksalsgöttin Fortuna. Er wusste, dass er bedroht war, hielt entsprechende Gerüchte also nicht für eine Verschwörungstheorie. Dennoch traf er keine Maßnahmen zu seinem Schutz.

Und so war diese Verschwörung erfolgreich. Ein glückliches Unternehmen mag man sie dennoch nicht nennen. Weil die Beteiligten überfordert damit waren, die notwendigen weiteren Schritte zu durchdenken, und mit ihrem Tyrannenmord lediglich eine Schuld des Gewissens abzahlen wollten, scheiterte das wichtigste Ziel, nämlich die Wiederherstellung der alten Ordnung. Die unbeabsichtigte Folge der Verschwörung waren jahrelange neue Kriege und letztlich die Etablierung des römischen Kaisertums – ein Beispiel dafür, dass eine erfolgreiche Verschwörung nicht automatisch auch nach Plan läuft. Geschichte ist nicht planbar.

Der Bock als Gärtner – Nero und der Brand von Rom

Zwar wurde Rom mit der Einführung der Monarchie stabiler – Verschwörungen und Verschwörungstheorien blieben dennoch an der Tagesordnung. Ein eifriger Verschwörungstheoretiker war der römische Kaiser Nero. Wenn der Überlieferung Glauben zu schenken ist, kam Nero, der Adoptivsohn des Kaisers Claudius, im Jahr 54 n. Chr. durch eine Verschwörung an die Macht. Seine Mutter Messalina bezahlte den Leibarzt des Claudius dafür, diesen zu vergiften, weil sie befürchtete, dass der Kaiser seinen leiblichen Sohn Britannicus statt des von Messalina in die Ehe mitgebrachten Nero zum Nachfolger bestimmen könnte. Diese Verschwörung war erfolgreich. Messalina konnte sich jedoch nicht lange an den Früchten der Tat erfreuen. Einige Zeit später, im Jahr 59, ließ Nero seine Mutter ermorden, tarnte dieses Verbrechen jedoch mit der Verschwörungstheorie, sie habe sich das Leben genommen, weil sie einen Anschlag gegen ihn habe unternehmen wollen, der jedoch gescheitert sei.

Eine umfangreichere Verschwörungstheorie benötigte Nero, als die zu einem großen Teil aus Holz gebaute Stadt Rom am 18. und 19. Juli 64 brannte. Dass Nero selbst den Brand aus ästhetischen Gründen hat legen lassen, um die Stadt danach noch schöner wiederaufbauen lassen zu können, ist vermutlich eine böswillig unterstellte Verschwörungstheorie. Der Kaiser benötigte für die Katastrophe aber in jedem Fall einen Sündenbock, und als solcher boten sich die Christen an, die gleichsam als Sekte im Geheimen ihre Rituale pflegten. Er ließ Christen verhaften und grausam hinrichten, obschon sie nicht zugegeben hatten, die Stadt angezündet zu haben, und auch sonst keine Beweise vorlagen. Die erste bekannte Christenverfolgung der Geschichte basierte also auf einer Verschwörungstheorie. Nero nutzte sie, um von der mutmaßlich falschen Unterstellung, er habe den Brand selbst legen lassen, abzulenken.

Katastrophe mit Folgen: Als Vorwand für Christenverfolgungen diente der Brand von Rom

Von alten Schlangen und Superverschwörern

Ein Produkt der Zeit Neros ist auch die neutestamentarische Offenbarung des Johannes – ein Text, auf den sich Verschwörungstheoretiker bis heute berufen. Darin wird der „große Drache, die alte Schlange, die den Namen Teufel und Satan trägt", beschrieben. Ihm zur Seite stehen zwei weitere Geschöpfe, zum einen das Tier aus dem Meere, „das hatte zehn Hörner und sieben Köpfe und auf seinen Hörnern zehn Diademe und auf seinen Köpfen Namen voll Lästerung" (Offb. 13,1). Dieses Tier wird häufig als Verkörperung der antichristlichen politischen Macht gedeutet. Zum anderen wird noch ein zweites Tier beschrieben, das die Menschen zur Anbetung des ersten verführt. Dieses Tier verkörpert die geistigen Kräfte, die dazu verführen wollen, dem Satan zu dienen. Zu erkennen ist das Tier an seiner Zahl, nämlich der 666.

Bis heute wird diese Zahl von christlich-fundamentalistischen Verschwörungstheoretikern als Zeichen der Macht des Antichrists gedeutet. Zwar erscheint es als Überinterpretation, die metaphorisch geprägte Offenbarung als Verschwörungstheorie zu deuten, in der Gott im Hintergrund als Superverschwörer fungiert. Doch zweifelsohne beeinflusst dieser Text bis heute das Denken von Verschwörungstheoretikern. Die Aufforderung, den Verstand zu nutzen, um die Zeichen des Bösen zu erkennen, nutzen christlich fundierte Verschwörungstheoretiker nach wie vor, um überall Zeichen für das beginnende Zeitalter des Antichrists zu suchen. Der bei Verschwörungstheoretikern ausgeprägte Zeichenwahn hat vermutlich hier seinen Ursprung.

Großer Drache mit dem Namen Satan: Auf die Bilderwelt der Offenbarung des Johannes berufen sich Verschwörungstheoretiker bis heute

Sodomie und Hostienfrevel? – Das Mittelalter

Im Mittelalter sehen Verschwörungstheoretiker hinter allem Übel das Wirken des Teufels. Ob Sodomie bei den Templern, Schadenzauber bei Hexen (und übrigens auch Hexern) oder jüdische Ritualmorde: Keine Unterstellung ist so abwegig, dass sie nicht von willigen Vollstreckern geglaubt würde.

Philipp IV., König von Frankreich, galt als frommer Mann. Seine Epoche, die Wende vom 13. zum 14. Jahrhundert, war in dieser Hinsicht eine Zeit der klaren Verhältnisse: Gott und der Teufel rangen miteinander, Sünder und Gerechte kamen entweder in den Himmel oder aber ins Fegefeuer und die Hölle. Dämonen bevölkerten die Lüfte. Magier und Hexen ritten auf dem Teufel in Tiergestalt durch die Lüfte – ob in Wirklichkeit oder im vom Teufel inspirierten Traum, darüber stritten Volk und Gelehrte.

Die Religion beanspruchte den ersten Platz im Leben und Denken aller Menschen, Könige wie Bauern, Kleriker wie Bürger, Männer wie Frauen. Einfach schien es, bei Unheil im Leben der Menschen, sei es Krieg oder Missernte, Krankheit oder Hungersnot, die Schuldigen und Missetäter dingfest zu machen. Selbst da, wo nur mit der Einbildungskraft des mittelalterlichen Menschen ein Übel zu sehen war, erlaubten es Verschwörungstheorien, vermeintlich Schuldige beim Schopf zu greifen.

Auf dem Scheiterhaufen: „Hexen" als Opfer des Verschwörungsdenkens

[17]

Anfänge der Templer

Bei mittelalterlichen Verschwörungstheorien hatte stets der Teufel seine Hand im Spiel. Einen Bund mit dem Teufel unterstellte Philipp IV. auch dem Orden der Templer, als er im Jahr 1307 einen Angriff gegen die *Fratres militiae templi* (lat. Ritterbrüder des Tempels) führte.

Die Tempelritter wurden 1120 von dem französischen Jerusalempilger Hugo von Payens gegründet. Aus einer losen Bruderschaft europäischer Ritter entstand ein geistlicher Orden, der das Ziel hatte, die Pilger im Heiligen Land zu beschützen und damit die bereits dort ansässigen Johanniter, die durch Seelsorge und Krankenpflege das Leben in Jerusalem erträglicher machten – Ritter wurden sie erst später – zu entlasten. Templer nannten sie sich, weil sie ihr Hauptquartier auf dem Tempelberg in Jerusalem in der Nähe des einstigen Tempels des Salomo bezogen. Als erste verbanden sie das Ideal des Mönchs mit dem des Ritters. Wie andere Ordensleute auch legten sie das Gelübde von Armut, Keuschheit und Gehorsam ab. Zugleich waren sie aber auch bereit, um der Sache Christi Willen Blut zu vergießen – damit erweiterten sie das ursprünglich der Friedfertigkeit verpflichtete Ideal der Mönche beträchtlich.

Das Siegel der Templer klärt darüber auf, wie sie sich verstanden: Es zeigt zwei Ritter, die gemeinsam auf einem Pferd reiten – damit signalisieren sie Armut und Gemeinschaft. „Schmucklos und kahl", so formuliert es der Historiker Arno Borst, „war ihre Unterkunft". Die Templer trugen „einen weißen leinenen Mantel mit achteckigem blutroten Kreuz, dem ausdrucksvollen Symbol des Märtyrertums, und einen weißen leinenen Gürtel, das Zeichen der Reinheit des Herzens", wie es ein Historiker der vorvergangenen Jahrhundertwende beschreibt.

Die Regel des Ordens stammte von Bernhard, einem einflussreichen Zisterzienser und Abt im von ihm selbst gegründeten Kloster von Clairvaux. Im Laufe der beiden Jahrhunderte seines Bestehens sammelte der zunächst Armut und Entsagung verpflichtete Orden immer mehr Besitz an. So wurden die Templer offenbar von immer mehr Menschen als überheblicher Ritterorden betrachtet, der die Askese gegen gutlaufende Geschäfte getauscht hatte. Zu seinen besten Zeiten zählte der Orden etwa 7.000 Angehörige. Zu seinem Besitz gehörten wohl 870 Burgen und andere Eigentümer. Einen schlechten Ruf erarbeiteten sich die Templer nicht zuletzt dadurch, dass sie in ihr Ordensleben manche suspekt scheinenden Einflüsse des Orients aufgenommen hatten. Verlorene Schlachten im Heiligen Land führten schließlich zu einer Schwächung des Ordens und zu Ansehensverlust.

Machtbewusst und erfindungsreich: Philipp IV. von Frankreich

In Frankreich nun waren die Templer den dortigen Königen unbequem. Die *Curia in compotis*, die Rechnungskammer des Königs, tagte im Pariser Temple. Der Schatz des Königs befand sich also unter dem Schutz, aber eben auch unter der Verwaltung der Tempelritter. Die nur dem Papst unterstehenden und gleichsam als Staat im Staate agierenden Templer waren Philipp ein Dorn im Auge.

Obwohl sich der König streng religiös zeigte, hatte er sich auch in der Vergangenheit schon mit kirchlichen Institutionen angelegt. Unter anderem hatte Philipp den Machtkampf mit Papst Bonifatius VIII. gesucht, um Steuern auf kirchliche Güter erheben zu können. Seine Getreuen scheuten sich nicht, einen Anschlag auf den Papst zu verüben: An den Folgen des sogenannten Attentats von Anagni verstarb der greise Bonifatius VIII. Seine notorisch leeren Kassen hatte Philipp bereits 1306 versucht zu füllen, indem er die französischen Juden enteignen und vertreiben ließ. Ähnlich ging er in den Jahren 1301 und 1309 bei den finanzstarken Lombarden vor. Nicht zuletzt war dem König daran gelegen, seine Machtbasis zu vergrößern. Doch die bis heute aufsehenerregendste Tat Philipps bestand freilich im Angriff auf den Templerorden, den er mit der „Blitzartigkeit eines Tigersprungs" durchführte, um es mit den Worten der Historikerin Barbara Tuchman auszudrücken.

Seit November 1305 war Clemens V. im Amt – ein Papst, der seinen Sitz 1309 auf Druck Philipps nicht in Rom, sondern in Avignon nehmen musste, das im Einflussbereich der französischen Könige lag. Der Zeitpunkt für einen Schlag gegen den Orden schien günstig. Zwielichtige (manche Historiker meinen: gekaufte) Zeugen hatten bereits Anfang 1305 schwere Vorwürfe gegen die Templer vorgebracht. Die Zeugen behaupteten, bei Aufnahme in den Orden müsse Christus dreimal verleugnet werden. Dreimal müssten die Novizen auf das Kreuz speien. Auch gebe es beim Aufnahmeritual sodomitische Praktiken – Ordensangehörige küssten angeblich den untersten Rückenwirbel, den Mund oder Nabel eines Mitbruders, sie beschworen Dämonen und beteten das Kopfidol Baphomet an – eine angesichts der Tätigkeit des Ordens im Heiligen Land plausibel scheinende Unterstellung, denn bei Baphomet handelt es sich um eine Verballhornung des Namens Mohammed. Ein weiterer schwerer Vorwurf bestand darin, dass die Templer angeblich die Heilige Messe schändeten, indem sie sie mit ungeweihten Hostien feierten. Kurz, die angeblichen Zeugen führten eine ganze Reihe von Unterstellungen an. Einige davon stammten aus dem üblichen Arsenal, das gegen mögliche Ketzer aufgeboten wurde, andere waren auf das Wirken des Ordens im Heiligen Land zurückzuführen. In jedem Fall war es eine finstere Verschwörung mit dem Teufel, die König Philipp IV. den Templern unterstellte.

Das Ende eines Ordens – und der Anfang seiner Geschichte

In aller Heimlichkeit ließ Philipp den Schlag gegen die Templer vorbereiten. Am 13. Oktober 1307 wurden – in einem klaren Verstoß gegen die Privilegien des Ordens – die französischen Ritter verhaftet. In Paris betraf das 138 Ordensbrüder, von denen 134 unter Folter die Verfehlungen gestanden, die ihnen zur Last gelegt wurden. Gegen den Widerstand anderer europäischer Monarchen und des Papstes ließ der König den Ordensangehörigen den Prozess machen. Der Widerstand des ebenfalls verhafteten Großmeisters der Templer, Jacques de Molay, konnte die Vernichtung des Ordens nicht verhindern. Eine Verhandlung nutzte der Großmeister zwar gemeinsam mit 40 anderen Brüdern, um dem Volk seine Foltermale zu zeigen und auf das abgepresste Geständnis hinzuweisen – doch trotzdem nahmen die Dinge ihren Lauf. Brüder, die den Orden verteidigten oder ihre Geständnisse widerriefen, wurden als sogenannte *relapsi* (lat. Zurückgefallene) behandelt und zum Tode verurteilt.

Unter dem Druck des Königs hob der Papst den Orden schließlich am 22. März 1312 auf. Jacques de Molay, der eine weitere Versammlung, bei der er auf der Schandleiter vor der Kathedrale von Notre-Dame öffentlich seine Sünden bekennen sollte, dazu nutzte, die Folterspuren zu zeigen und sein Geständnis zu widerrufen, wurde am 18. März 1314 verbrannt. Angeblich soll Jacques noch auf dem Scheiterhaufen König und Papst verflucht haben – tatsächlich

JACQUES DE MOLAY, chef des Templiers
(XIII⁰ SIÈCLE)

Nachwirkend? Der letzte Großmeister der Templer
verfluchte König und Papst

starben binnen eines Jahres König und Papst, jener unter mysteriösen Umständen auf der Jagd. Damit beginnen die fortwirkenden Legenden rund um den Orden.

In anderen europäischen Ländern wurden die Templer weitaus milder behandelt als in Frankreich. Auf der iberischen Halbinsel etwa gingen sie in neu geschaffenen Ritterorden auf, die fortan den dortigen Monarchen dienstbar waren. Der Besitz des Ordens ging nach der Auflösung im Wesentlichen auf die Johanniter über, aber auch der französische König sicherte sich seinen Anteil.

Eine Verschwörungstheorie diente also als Vorwand für die Zerschlagung des Templerordens. In Verschwörungstheorien jedoch lebt er auch weiter. So gibt es etwa die – von Umberto Eco in seinem Roman *Das Foucaultsche Pendel* ironisch verarbeitete – Vorstellung, der Orden oder jedenfalls sein Wissen existiere im Geheimen bis heute. In Teilen bezog sich auch die Freimaurerei des 18. Jahrhunderts auf angebliches Geheimwissen der Templer, das über die Rosenkreuzer an sie weitergegeben worden sei. Symbole und Rituale des Ordens wurden von einzelnen Logen verwendet. Auch aus diesem Grunde sah der Abbé Barruel, der um 1800 die Französische Revolution auf einer Verschwörung der Freimaurer und Illuminaten zurückführte, hier die Templer mit im Spiel.

Wanderprediger und andere Influencer

Verschwörungstheorien verbreiteten sich zu allen Zeiten mit Hilfe unterschiedlicher Medien. Das bedeutet jedoch nicht, dass die Art der für die Verschwörungspropaganda genutzten Mittel keinen Effekt auf deren Verbreitung hätte. In der Antike herrschte – auch wenn es schriftliche Verbreitungsmöglichkeiten gab – die Mündlichkeit vor: Die Geschicklichkeit des Redners machte den Erfolg der Verschwörungstheorie aus.

Im Mittelalter waren es vor allem Mönche, die Verschwörungstheorien unters Volk brachten. Die Idee von den jüdischen Brunnenvergiftern verbreitete sich mit Hilfe von Wanderpredigern in Europa. Aber auch Bildlichkeit ist ein wichtiger Aspekt: Darstellungen etwa von Hostienfrevel begehenden Juden, die sich in Kirchen finden, hielten die judenfeindlichen Ideen wach – bis in die Gegenwart.

Mit der Entstehung des Buchdrucks wurde dieses neue Medium auch für verschwörungstheoretische Zwecke genutzt. Der Hexenhammer etwa diente dazu, die Idee unters Volk zu bringen, Hexer und vor allem Hexen hätten sich mit dem Teufel gegen die Christenmenschen verschworen. Über Jahrhunderte wurden Verschwörungstheorien mit Hilfe von Büchern, Flugblättern und später auch Zeitungen verbreitet. Alte Medien wie etwa die Predigt blieben natürlich weiterhin wirksam.

Im 20. Jahrhundert können als bevorzugte Propagandamittel das Plakat und dann auch der Rundfunk gelten. Wie die sowjetischen Kommunisten nutzten die Nationalsozialisten auch das Kino für die Verbreitung von Verschwörungstheorien, etwa in Filmen wie *Jud Süß*. Auch Ausstellungen und Kunst wurden in diesem Sinne in den totalitären Systemen zu Propagandainstrumenten.

Heute ist das Verbreitungsmittel der Wahl vor allem das Internet. Ohne redaktionelle Hindernisse kann jeder seine Denkweisen unter die Leute bringen. Die Echokammern des Netzes verstärken den Effekt einstmals völlig abseitiger Verschwörungstheorien. Waren sie in den demokratischen Gesellschaften des Westens in den 1960er bis 1990er Jahren vielleicht als Geraune bei Stehpartys präsent, erobern sich Verschwörungstheorien mit Hilfe von für das Smartphone optimierten Videos heutzutage einen großen Wirkungskreis.

Feinde Christi von Anfang an?

Verschwörungstheorien wurden im Mittelalter immer in irgendeiner Art und Weise religiös begründet – der Teufel hatte als Bündnispartner der Verschwörer seine Hand im Spiel. So verhält es sich auch bei den Unterstellungen gegen die Juden, die ebenfalls erstmals im Kontext der Kreuzzüge historisch wirksam wurden. Kein Blatt sei, so schreibt die große Historikerin und Dichterin Ricarda Huch, „in der Geschichte der Menschheit so tragisch und geheimnisvoll wie die Geschichte der Juden". So sind auch keine Verschwörungsunterstellungen – sei es im Mittelalter, in der Neuzeit oder unserer Gegenwart – so schmierig und gehässig wie eben die, die sich gegen die Juden richteten und richten.

Ihre Wurzel haben judenfeindliche Verschwörungstheorien wohl in einigen Aussagen des Neuen Testaments. Im Zentrum der Unterstellungen steht dabei der Vorwurf des Gottesmordes, für den Pontius Pilatus, römischer Statthalter von Galiläa, die Verantwortung erfolgreich auf die Juden abwälzte, wenn wir der Bibel glauben dürfen. Ein Wort Jesu, in dem er den Juden oder vielmehr seinen Mitmenschen vorwarf, den „Teufel zum Vater" zu haben, wurde ebenfalls lange Zeit als argumentative Grundlage des Judenhasses genutzt.

Bereits noch zu Zeiten, in denen sowohl Christen als auch Juden Minderheitsreligionen im Römischen Reich waren, entwickelte sich ein starkes Konkurrenzverhältnis der monotheistischen Religionen. Führende Theoretiker des Christentums nahmen für sich in Anspruch, das alleinige Auslegungsrecht für das Alte Testament zu besitzen. Als das Christentum im 4. Jahrhundert Staatsreligion wurde, verschlechterte sich die Lage der Juden zusehends, auch wenn es mitunter Gegenbewegungen gab.

Papst Gregor, der in diesem Sinne seinen Beinamen „der Große" zurecht trägt, garantierte den Juden die ungestörte Ausübung ihrer Religion und schützte sie vor Nachstellungen. Ähnlich hatte auch schon der Ostgotenkönig Theoderich gehandelt, der es abgelehnt hatte, Juden zwangsweise zum Christentum zu missionieren, da er den freien Willen als Grundlage des Glaubensbekenntnisses ansah.

Vorwürfe gegen die Juden kamen, wie gesagt, vor allem im Kontext der Kreuzzüge auf, deren Fanatismus sich nicht nur gegen die „Ungläubigen" im Heiligen Land, sondern auch gegen die im eigenen Land richtete. Als potenziell stete Verbündete des Teufels wurden den Juden zahlreiche Verschwörungen gegen die Christenheit unterstellt. Nachhaltig wirksam waren etwa die in Predigten oder auf Bildern – den Massenmedien der damaligen Zeit – verbreiteten und tausendfach rezipierten Vorstellungen, die Juden würden zu rituellen Zwecken christliche Kinder töten und Hostienfrevel begehen. Dieser besteht im Denken der damaligen Zeit darin, dass die Juden geweihte Hostien – die im katholischen Verständnis lebendiger Leib des Herrn sind – durchbohrten, um Jesus ein weiteres Mal zu töten.

Notgeld mit Lügenbildern: Noch im 20. Jahrhundert glaubten Menschen an jüdischen „Hostienfrevel"

Gefälschte Anschuldigungen
und echte Lynchmorde

Besonders abstoßend erscheint der Vorwurf, Juden töteten zu rituellen Zwecken christliche Kinder. Dieser tauchte erstmals 1144 in England auf. Der Benediktinermönch Thomas von Monmouth, der diese Legende verbreitete, führte als Beweis für den Ritualmord an William von Norwich einen Traum der Mutter des Jungen an. Einen besonders bekannten Fall bietet der 1475 gestorbene Simon von Trient, der am Ostersonntag tot unter dem Haus des jüdischen Gemeindevorstehers aufgefunden wurde. Gegen den Willen der Kurie – die Päpste verwiesen Ritualmord und Hostienfrevel ins Reich der Legende – wurden die jüdischen Männer des Ortes festgenommen. Bereits 1236 war eine von Kaiser Friedrich II. eingesetzte theologische Kommission zu dem Schluss gekommen, dass Ritualmorde mit der besonderen Rolle des Blutes im Judentum nicht vereinbar sind. Als Teil einer fanatischen Volksfrömmigkeit bestand der Glaube daran dennoch weiter.

Vierzehn der festgenommenen jüdischen Männer wurden 1476 zum Tode verurteilt und starben auf dem Scheiterhaufen. Um Simon von Trient entwickelte sich ein regelrechter Wallfahrtskult – so kurbelte der angebliche Ritualmord den Fremdenverkehr an und wurde zum Wirtschaftsfaktor. Nach dem Zweiten Vatikanischen Konzil hob der Heilige Stuhl 1965 den Kult um Simon als gegenstandslos auf.

Immer wieder kam es infolge der Verschwörungsvorwürfe zu Morden und Massenmorden an den europäischen und vor allem an den deutschen Juden. Für vermeintliche und tatsächliche Unglücke wurde der „ewige Fremde" als Sündenbock ausgemacht. In Folge der Großen Pest wurden Vorwürfe laut, die Juden hätten die Brunnen vergiftet. Erste Lynchmorde gab es 1348, im selben Jahr verbot Papst Clemens VI. in einer Bulle Gewalt gegen Juden ohne Gerichtsverfahren. Auch städtische Behörden versuchten zunächst, die Juden vor Nachstellungen zu schützen, beugten sich jedoch meist rasch dem nach Vergeltung lechzenden Volkswillen. Hinzu kam, dass auch die Städte selbst vom Raub jüdischen Eigentums profitierten. In Savoyen fand 1348 ein Prozess statt, bei dem den Juden unterstellt wurde, Gift für die Brunnenvergiftung aus dem Ausland erhalten zu haben. Unter Folter abgepresste Geständnisse brachten das erwünschte Ergebnis, und die Gerüchte über die Juden verbreiteten sich wie ein Steppenbrand durch ganz Europa. Anfang 1349 gab es Ausschreitungen gegen die Baseler Juden, von denen viele auf der Rheininsel verbrannt wurden. Selbst Juden, die sich zunächst durch die Taufe gerettet hatten, drohte dann erneut Unheil, als die Pest im weiteren Verlauf des Jahres 1349 tatsächlich Basel erreichte.

Das antijüdische Verschwörungsdenken wurde aufgrund dieser religiös bedingten Vorbehalte zu einer regelrechten internationalen Verschwörung. Der Soziologe Werner Bergmann beschreibt es so: „[Die Juden] avancieren vom Helfer des Antichrists zu selbstverantwortlich Handelnden, die auch nicht mehr endzeitlich überwunden werden können, sondern die Christen ihrer Herrschaft dauerhaft unterwerfen werden." Ungehört verhallte die Argumentation des Papstes, der darauf hinwies, dass zum einen auch Juden von der Pest betroffen seien und diese zum anderen auch in Gebieten wüte, in denen es überhaupt keine Juden gebe. Obwohl auch manche Landesherren die Juden schützten, wurde das europäische Judentum infolge der Brunnenvergiftungspogrome stark dezimiert. Sein Fortleben fand fortan unter schwereren Bedingungen statt. Offenkundig hatten die über Jahrhunderte zugestandenen Rechte keine Wirkung mehr. Ende des Jahrhunderts und dann erneut im 15. Jahrhundert kam es zu weiteren Übergriffen und Vertreibungen.

Ein Reformator auf Abwegen

Auch die Reformation veränderte die Haltung den Juden gegenüber nicht zum Besseren. Der Reformator Martin Luther, der zu Beginn seines Wirkens noch eine wohlwollende Haltung gegenüber den Juden eingenommen hatte, entwickelte sich zum Ende seines Lebens zu einem regelrechten Judenhasser, dessen Abneigung tatsächlich einen nahezu rassistischen Charakter annahm. Die von Luther zunächst abgelehnte Idee des Ritualmords wurde ihm in der 1543, zum Ende seines Lebens hin erschienenen Schrift *Von den Juden und ihren Lügen* zur Gewissheit:

„So ists auch unser schuld, das wir das grosse unschuldige Blut, so sie an unserm Herrn und den Christen bey dreyhundert jaren nach zerstörung Jerusalems, und bis daher, an Kindern vergossen (welchs noch aus jren augen und haut scheinet) nicht rechen, sie nicht todschlahen, Sondern fur alle jren mord, fluchen, lestern, liegen, schen-

den frey bey uns sitzen lassen, jre Schule, heuser, leib und gut schüt-
zen und schirmen, damit wir sie faul und sicher machen, das sie
getrost unser geld und gut uns aussaugen, dazu uns spotten, uns an-
speien, ob sie zuletzt künden unser mechtig werden. Und für solche
grosse Sünde uns alle todschlahen, alles gut nehmen, wie sie teglich
bitten und hoffen."

Luther unterstellte den Juden verschiedene Bosheiten gegen die Christen und forderte, sie „wie die tollen hunde aus[zu]jagen". Vor den mittelalterlichen Anschuldigungen konnten sich Juden in der Regel durch die Taufe, den Religionswechsel also, retten. Doch Luther sah die Juden als „religiös verloren" an, ihre Rettung sei also auch durch die Taufe nicht mehr möglich. Der christlich geprägte Antijudaismus wandelte sich beim Reformator zu einer Frühform des Antisemitismus. Der Kirchenhistoriker Thomas Kaufmann sieht in Luthers Denken daher auch ein wichtiges Bindeglied zwischen dem religiösen Judenhass des Mittelalters und dem rassistisch motivierten Antisemitismus des 19. und 20. Jahrhunderts.

Der politische Erfolg seines Hasses blieb dem alternden Reformator gleichwohl versagt. Die evangelischen Stände machten sich seine Vorschläge größtenteils nicht zu eigen, und Kaiser Karl V. ließ 1546 die Rechte der Juden bestätigen und sie auch von der Lutherschen Ritualmordunterstellung freisprechen. Vierhundert Jahre später wurden Luthers Schriften in neuen politischen Zusammenhängen aus der Mottenkiste geholt und dienten als eine der Begründungen für die nationalsozialistische Unterdrückungs- und Vernichtungspolitik. Der Herausgeber des NS-Hetzblattes *Der Stürmer*, Julius Streicher, berief sich noch vor dem Nürnberger Gerichtshof auf Luthers Aussagen.

Verschwörungsdenker? Denkmal des Reformators Martin Luther in Eisleben

Geschlechtsverkehr mit dem Teufel?
Hexerei und Hexenprozesse

Magie und Teufel galten, wie eingangs erwähnt, im Mittelalter als reale Phänomene. Zunächst hatte die Kirche Vorstellungen von Zauberei abgelehnt. Hexerei erschien nur als Einflüsterung des Teufels möglich und machte sich höchstens als Traum bemerkbar, nicht als Phänomen der Wirklichkeit. Dennoch verbreiteten sich entsprechende Vorstellungen weit und bildeten zum Beispiel einen Bestandteil des Beichtfragebogens und des Canon Episcopi, einer Sammlung von kirchlichen Rechtssätzen aus dem 9. Jahrhundert. Hier wurde festgehalten, dass „gewisse verbrecherische Frauen […] glauben und von sich behaupten, dass sie in nächtlichen Stunden mit der Diana, der Göttin der Heiden, […] auf gewissen Tieren reiten".

Im 15. Jahrhundert entwickelte sich die zuvor vor allem als Bestandteil der Beichte relevante Hexerei zu einem Kapitalverbrechen. Die heute häufig für mittelalterlich angesehene Hexenverfolgung war vor allem ein Phänomen der Frühen Neuzeit: Zum einen war der Glaube an Hexerei mit dem Glauben an Magie verbunden – der Möglichkeit also, Wirklichkeit durch zauberische Mittel zu verändern. Zum anderen geht er zurück auf den Glauben an das personalisierte Böse, auf Teufel und Dämonen. Und nicht zuletzt gab es sowohl in protestantischen als auch in katholischen Regionen umfangreiche Hexenverfolgungen, weil sich die Konfessionen darin überboten, gegen religiöse Abweichung vorzugehen – wenn nötig mit Gewalt.

Hexen und Zauberern wurde nachgesagt, Schadenzauber zu betreiben und damit schlechtes Wetter, Epidemien, Unfruchtbarkeit, Missernten und andere Katastrophen auszulösen. Die Verschwörung der Hexen galt als Teil der Wirklichkeit. Wie im Fall der Templer oder auch der Verschwörungsunterstellungen gegen Juden wurden die Geständnisse auf brutalste Weise unter Einsatz von Folter abgepresst. Häufige Unterstellungen betrafen den Hexensabbat, Versammlungen von Hexen in Anwesenheit des Teufels, und die Teufelsbuhlschaft, also Geschlechtsverkehr mit dem Teufel. Hexen und Hexer – etwa 25 Prozent der Opfer in Hexereiprozessen waren Männer – wurden obszöne Rituale, Ritualmorde, Kannibalismus und Hexenflug nachgesagt. Zwar gab es auch während der Hochzeit der Hexenverfolgungen stets Zweifel und Kritik: Nicolas Oresne etwa, ein Berater des französischen Königs, hielt Hexerei für Aberglauben und wies darauf hin, dass unter Folter keine wahren Geständnisse abgegeben würden. Dennoch setzten sich seit Ende des 15. Jahrhunderts Fanatiker wie Heinrich Kramer durch, der in seinem 1486 herausgegebenen *Malleus maleficarum* (lat. Hexenhammer) das gesamte Register an Vorwürfen gegen Hexen zusammenfasste. Kramer brachte eine deutlich frauenfeindliche Tendenz in den Hexereiglauben. In Buch Exodus (2 Mos Ex 22, 18) der Bibel ist davon die Rede, die (männlichen) Hexer solle man nicht leben lassen, Kramer legte seinen Fokus allein schon durch den Titel seines Werkes auf (weibliche) Hexen.

Von guten Geistern ziemlich sehr verlassen

Nach der Reformation 1517 verstärkte sich die Verfolgung der Hexen. Zweifel an der Hexerei wurden – auf katholischer Seite – nur vorsichtig geäußert. In seinem kritischen Werk *Cautio criminalis* (lat. Vorsicht in Kriminalsachen) griff der Jesuitenpater Friedrich Spee 1631 die Folter bei Hexereiprozessen an. Als Beichtvater angeblicher Hexen hatte er den Eindruck gewonnen, dass unter Folter falsche Geständnisse zustande kämen. Offenbar bezweifelte Spee sogar, dass es Hexerei überhaupt gebe – diese grundsätzliche Haltung konnte gefährlich sein und gegebenenfalls auch eine Verfolgung nach sich ziehen.

Im Zuge der Hexenprozesse waren bis Ende des 18. Jahrhunderts etwa 50.000 bis 60.000 Opfer zu beklagen. Gerade während der Aufklärung fanden in Gegenden Südeuropas wie Italien und Spanien, die zuvor kaum Prozesse zu verzeichnen hatten, weitere Verfahren wegen Hexerei statt. Dennoch bildete Nordeuropa das Zentrum: Ein päpstlicher Diplomat, der 1648 den Heiligen Stuhl bei den Verhandlungen zum Westfälischen Frieden vertrat, äußerte sich entsetzt darüber, wie „arme und überaus bedauernswerte Frauen als Hexen von den Flammen verzehrt worden waren". Es hatte sich ihm ein „fürchterliches Schauspiel" geboten, bei dem „unzählige" Menschen getötet worden seien.

Doch sollte es danach noch gut 100 Jahre dauern, bis die Hexereiprozesse zu Ende gingen. Diese Epoche, die sich besonders religiös wähnte, war schon längst vom Pfad der Besonnenheit abgewichen. Ricarda Huch brachte es auf den Punkt: „Wenn die Regierenden anfangen, Feuer und Schwert anzuwenden, um die Einheit des Glaubens und Denkens zu erhalten, hat Gott sie meistens schon verlassen."

Phantastische Anfänge und weltkluge Berechnung – Die Jesuiten

In Zeiten konfessioneller Auseinandersetzungen wird auch den Jesuiten, der Elitetruppe des Heiligen Stuhls, verschwörerisches Denken und Handeln unterstellt. Die Sprengung des englischen Parlaments, der Stadtbrand von London, die Ermordung des englischen Königs: Im 17. Jahrhundert gelten Jesuiten und Papst in England als Ursache allen Übels. Bis in die Gegenwart richten sich immer wieder üble Unterstellungen gegen den wie ein Geheimbund des Papstes wirkenden Orden.

„Ein Jesuit kommt in eine fremde Stadt. Da er nicht Bescheid weiß, hält er auf der Straße einen Franziskaner an und fragt ihn: ʹEhrwürdiger Bruder, können Sie mir sagen, wie ich zum Jesuitenkolleg komme?ʹ ʹDas werden Sie kaum finden, hochwürdiger Paterʹ, antwortet der Franziskaner. ʹDa müssten Sie nämlich immer geradeaus gehen.ʹ" Anschaulich zeigt dieser Witz Vorurteile gegenüber den Jesuiten – eine der Gruppen, der über die Jahrhunderte im besseren Fall der Hang zu Schlichen oder Rabulistik unterstellt wurde, im übleren aber, sich zum Nachteil der Menschheit verschworen zu haben.

Die Gesellschaft Jesu – so der eigentliche Name des Ordens – galt von Anfang an als „Speerspitze" der katholischen Reformbewegung, die sich in der Reformationszeit als Antwort auf die protestantische Herausforderung bildete. Dieses militärische Bild ist nicht ganz abwegig, denn es war ein ehemaliger spanischer Offizier, der den Orden 1534 in Paris gründete. Ein Erweckungserlebnis auf dem Krankenlager, auf dem Ignatius nach einer schweren Verletzung lag, brachte ihn dazu, sich ganz der Nachfolge Christi zu widmen. Mit Hilfe von *Exercitia spiritualia* (lat. Geistliche Übungen) sollten sich die Jesuiten ihrem Ziel widmen, „Gott und den Seelen zu dienen".

Militärisch ist aber auch die Organisationsform des Ordens, der 1540 vom Papst anerkannt und zum Gehorsam verpflichtet wurde. Anders als bei den kontemplativen Ordensgemeinschaften, die das Mittelalter geprägt hatten, war es nicht allein sein Ziel, Armut, Keuschheit und vor allem Gehorsam zu pflegen. Auf Geheiß des Papstes ging die „Kampfgruppe Jesu Christi" vielmehr überall hin, „zu den Türken […] oder zu andern Heiden, selbst in jene Länder, die man Indien nennt, oder zu beliebigen Ketzern und Abtrünnigen, oder zu allen beliebigen Gläubigen", um „für die Förderung der Seelen und die Verbreitung des Glaubens" zu wirken, wie es in der Regel des Ordens heißt.

Die Jesuiten, die auf Außenstehende nicht zuletzt durch ihre straffe Organisation Eindruck machen, verstanden sich seit je, um es mit den Worten des Heiligen Franz Xaver, eines Mitgründers des Ordens, auszudrücken, als „Gesellschaft der Liebe". Zugleich wurden sie von Anfang an auch von manchen Katholiken, Vertretern der älteren, mittelalterlichen Orden etwa, als „Werkzeug des Satans und Vorläufer des Antichrist" beschimpft.

Soldat Christi: Ignatius von Loyola, der Gründer des Jesuitenordens

Anrüchige Elite?

Nicht zuletzt die auf weltweite Wirkung angelegte Ordensstruktur ist entscheidend für die Verschwörungen, die den Jesuiten unterstellt wurden. Hinzu kam auch der Erfolg des Ordens, der Misstrauen, Angst und Hass bei seinen Gegnern hervorrief. Innerhalb kurzer Zeit hatten die Jesuiten immer mehr Mitglieder angezogen und sich zu einer Elite von sehr gut ausgebildeten und intellektuell wie geographisch äußerst beweglichen Geistlichen entwickelt.

Die Arbeit des rasch wachsenden Ordens war im 16. und 17. Jahrhundert entscheidend für den Erfolg der Gegenreformation oder, wie man heute auch sagt, Katholischen Reform. Die Jesuiten breiteten sich in ganz Europa, aber auch in Übersee aus. Bereits Franz Xaver, Mitgründer des Ordens, ging mit drei Gefährten nach Ostindien. Die Jesuiten wirkten unter anderem in China, in Tibet, in Nord- und in Südamerika. Bedeutsam war ihre Rolle im Bildungswesen und als Hofbeichtväter katholischer Fürsten. Den großen Erfolg der Jesuiten in den ersten beiden Jahrhunderten ihres Bestehens und ihren prägenden Einfluss auf Bildung, Kultur, Politik und Ökonomie machten die zunächst fortschrittliche Pädagogik, die Beschäftigung mit Philosophie und Naturwissenschaften und überdies die das Mittelalter hinter sich lassende Wirtschaftsethik und Wirtschaftspolitik aus. Die alten großen Orden des Mittelalters waren mit der Reformation in eine Motivations- und Glaubwürdigkeitskrise geraten, die ein Vakuum schuf, das die Jesuiten ausfüllen konnten.

Neben der Inquisition wurden die Jesuiten, wie es der Historiker Markus Friedrich beschreibt, das stärkste „Symbol" all dessen, was Menschen am althergebrachten Katholizismus ablehnten. Naturgemäß war die Ablehnung in den protestantischen Regionen besonders stark, wie sie zum Beispiel von Ricarda Huch analysiert wird: „Es ist begreiflich, daß die Protestanten die siegreich vordringende Armee der Jesuiten haßten. Sie konnten sich ihren Erfolg nur durch den Gebrauch abgefeimter Mittel, Verzauberung der Seelen und Vergiftung der Leiber erklären. Sie schrieben den Jesuiten alle erdenklichen Teufeleien zu, die ihnen fernlagen; aber die Witterung von etwas Anrüchigem trog sie doch nicht ganz."

Aber auch in katholischen Kreisen schlug den Jesuiten Abneigung entgegen, besonders bei traditionellen Orden wie den Dominikanern, die die neue Konkurrenz durch die *Societas Iesu* (lat. Gesellschaft Jesu) bekämpften. In Paris wehrte sich die Universität Sorbonne gegen die Einrichtung eines Jesuitenkollegs – der Orden machte sich mit seiner Tätigkeit viele Feinde. Der Anwalt der Sorbonne, Etienne Pasquier, bezeichnete die Jesuiten als einer der ersten auch als politisch gefährlich: Sein 1602 erschienener *Catéchisme des Jésuites* (frz. Katechismus der Jesuiten) war eine der ersten wichtigen polemischen Streitschriften gegen die Gesellschaft Jesu. Kritik übte Pasquier auch an ihrer zentralistischen Verfasstheit: Hier war das Motiv gesetzt, das Verschwörungstheoretiker über Jahrhunderte in ihren Polemiken gegen den Orden verwendeten, nämlich das Bild des Jesuitenordens als hypereffiziente Organisation, die weltweit ihre Finger im Spiel hat. Ein deutscher Autor des 18. Jahrhunderts behauptete: „Ihre Monarchie ist eine Maschine, worin alle Räder richtig gehen, sobald das Triebrad gerühret ist".

Alles schon mal dagewesen

Vermutlich war es Hieronymus Zahorowski, ein ehemaliger Jesuit, der 1614 in Krakau die *Monita secreta* (lat. Geheime Anweisungen) veröffentlichte. Zahorowski, der von den Jesuiten entlassen worden war, trieb das Motiv, sich am Orden zu rächen. Die Schrift enthielt vorgebliche Regeln, die belegen sollten, wie der Orden Macht und Reichtum zu erreichen suchte. Aus der Schrift ließ sich außerdem eine angebliche jesuitische Grundregel herauslesen: Dass der Zweck die Mittel heilige. Zahlreiche Auflagen auf Latein, Deutsch, Englisch und Französisch machten die *Monita secreta* bis ins 20. Jahrhundert wirksam. Die vorgeblichen Anweisungen beschreiben, wie sich die Jesuiten in das Vertrauen der Völker und Herrscher schleichen sollen, „reiche Witwen für sich gewinnen" oder auf andere Art und Weise den materiellen Nutzen des Ordens mehren können. Zwar wurde die Schrift rasch als Fälschung entlarvt, dennoch erlebte sie viele Auflagen und galt in der jesuitenfeindlichen Szene noch lange als authentisch. Die Produktion falscher Dokumente gehört spätestens seit den *Monita secreta* zum gängigen Methodenrepertoire von Verschwörungstheoretikern. Als ein weiteres Beispiel sind hier in erster Linie die *Protokolle der Weisen von Zion* zu nennen, ein Anfang des 20. Jahrhunderts in Russland veröffentlichtes fiktives Dokument, das angeblich eine jüdische Weltverschwörung belegt. Nach dem Ersten Weltkrieg waren es – übrigens von einem ehemaligen Jesuiten veröffentlichte – falsche Dokumente, die die Schuld der Freimaurer am Attentat von Sarajevo belegen sollten.

Auf Anweisung des Heiligen Stuhls?

Im 17. Jahrhundert gerieten die Jesuiten im anglikanisch gewordenen England ins Visier von Verschwörungstheoretikern. Die Pulververschwörung vom 5. November 1605 – der gescheiterte Versuch katholischer Verschwörer also, das englische Parlament samt König in die Luft zu jagen – wurde den Jesuiten ebenso angelastet wie der Ausbruch der Pest 1665 und der Londoner Großbrand von 1666.

Tödliche Folgen für etliche Angehörige des Ordens hatte der sogenannte *Popish Plot* (engl. Papisten-Verschwörung) im Jahr 1678. Zentrale Figur dieser Verschwörungstheorie war der ehemalige anglikanische Geistliche Titus Oates. Wegen Gotteslästerung und

Das „Noviziat" in Lissabon.

Ziel von Unterstellungen:
Propagandadarstellung der Jesuiten in Portugal

Unzucht von der anglikanischen Kirche entlassen, trat er bei den Jesuiten ein, wo er kurze Zeit in einer nordfranzösischen, dann in einer spanischen Niederlassung lebte. Der Orden warf ihn nach wenigen Monaten wegen ungebührlichen Verhaltens hinaus, so dass Oates im Juni 1678 nach London zurückkehrte. Gemeinsam mit einem alten Spießgesellen, dem anglikanischen Pfarrer Israel Tonge, schmiedete Oates ein Komplott. Mit Hilfe von gefälschten Briefen und unter Verweis auf seine intime Kenntnis des Ordens, die er als Mitglied erworben hätte, unterstellte er den Jesuiten, auf Geheiß des Papstes ein Attentat auf König Karl II. verüben zu wollen. Bevorzugtes Massenmedium bei der Verbreitung dieser Verschwörungstheorie waren Flugblätter, die zahlreich in den Straßen der Großstadt im Umlauf waren.

Die Verschwörungstheorie zog weite Kreise, unter anderem erhoben Tonge und Oates Vorwürfe gegen George Wakeman, den Leibarzt der Königin, in die Mordpläne gegen den König verwickelt zu sein. Noch während das Verfahren lief, wurde der mit dem Fall befasste Friedensrichter Edmund Berry Godfrey von Unbekannten ermordet – auch dieses Verbrechen wurde zunächst den Jesuiten in die Schuhe geschoben. Insgesamt fünfzehn Menschen wurden im Laufe der Verfahren aufgrund der Verschwörungstheorie von Titus Oates hingerichtet. Nach dem Freispruch eines Angeklagten 1681 drehte sich allerdings der Wind. Die Anschuldigungen stellten sich als erlogen heraus, Oates wurde in mehreren Prozessen inhaftiert und zu einer Geldstrafe von 100.000 Pfund verurteilt. Nach dem Machtantritt Jakobs II. 1685 wurde die Strafe dann zu lebenslanger Haft mit jährlicher Vorführung am Pranger und öffentlicher Auspeitschung umgewandelt. Später wurde Oates dann begnadigt.

Wortverdreher oder Sündenböcke?

In der zweiten Hälfte des 17. Jahrhunderts kamen mehrere Motive auf, die von an da an zum Grundbesteck antijesuitischer Propaganda zählten. So entwarf der geistliche Schriftsteller Blaise Pascal – als Anhänger einer konkurrierenden theologischen Richtung – in seinen *Lettres provinciales* (frz. Briefe in die Provinz) das Bild des unmoralischen Jesuiten, dessen Kasuistik – seine Wortverdreherei also – für jede Sünde eine Rechtfertigung biete. Gegenstand der Kritik wurde auch die mit wirtschaftlichen Unternehmungen verbundene jesuitische Missionspolitik in Südamerika: Diese kam vor allem der portugiesischen Krone in die Quere. Portugals leitender Minister Sebastião José de Carvalho e Mello initiierte nach 1750 eine regelrechte Kampagne gegen den Orden, dem er unter anderem auch unterstellte, für den Niedergang der einstmals einflussreichen Kolonialmacht Portugal in der Frühen Neuzeit verantwortlich zu sein.

Die Jesuiten hatten sich im 18. Jahrhundert überlebt. Ihre Modernität, wie etwa im Bildungswesen, war in Rückständigkeit umgeschlagen. Zugleich galten sie als arrogant, elitär und geldgierig – ein wiederkehrendes Motiv in der Geschichte des Verschwörungsdenkens. Kritik fand auch ihre besondere Nähe zum Volk – so richteten sie ihre Arbeit in den unterschiedlichen Ländern stark an den jeweils vorhandenen Bedürfnissen aus. Der Jesuit als von der Zentrale gesteuerter Akteur seines Ordens wurde gleichsam zu einer Figur der Populärkultur. Im aus „Tausenden von Individuen" bestehenden Orden schien nichts zu geschehen, das nicht den geheimen Zielen der Führung entsprach. Ein jesuitenfeindlicher deutscher Autor meinte 1761, es sei „höchst billig, daß man nach ihren eigenen Gesetzen wegen der Vergehungen einzelner Mitglieder auch die Oberen der Gesellschaft zur Rechenschafft zieht, als welche nothwendig die sachen vorher müssen gewußt haben".

Vom Paulus zum Saulus:
Kronzeugen des Komplotts

Eine typische Figur verschwörungstheoretischen Denkens ist der sogenannte Renegat oder Überläufer: Im 17. Jahrhundert meldeten sich ehemalige Jesuiten oder Menschen, die sich als solche ausgaben, zu Wort und berichteten die „Wahrheit" über die „Verbrechen" ihres einstigen Ordens. Ehemalige Freimaurer enthüllten hundert Jahre später die angeblichen Weltherrschaftspläne der Geheimgesellschaft. Heute verbreiten Journalisten, die aus unterschiedlichen Gründen nicht mehr von ihren ehemaligen Medienhäusern beschäftigt werden, die Verschwörungstheorie von der Lügenpresse. Dabei führen sie ihre Herkunft aus dem „System" als Beleg der Glaubwürdigkeit an. Ein gutes Beispiel ist die ehemalige Tagesschau-Sprecherin Eva Herman, die obskure Foren nutzt, um Verschwörungstheorien zu verbreiten. Ihre Videos finden hunderttausendfache Verbreitung.

Verschwörungstheorien charakterisiert die Vorstellung, geheime oder getarnte Gruppen würden Weltpolitik machen – die Verschwörer wirken dabei nahezu allmächtig. Ohne dass es Zeugen oder Beweise gibt, verüben sie ungeheure Verbrechen, wie zum Beispiel den tausendfachen Mord am 11. September 2001. Zugleich legen sie immer wieder eine erstaunliche Inkompetenz an den Tag. So lassen sie die scheinbar mutigen Aufklärer leben, obwohl sie bereits bewiesen haben, dass sie vor Mord nicht zurückschrecken.

Verschwörungstheorien dienen der Identitätsbildung und der Abgrenzung einer Gruppe von anderen. So verlagern sie im oben beschriebenen Fall des Corona-Virus die Schuld von der eigenen Gemeinschaft (z.B. den Chinesen) auf eine andere (hier: die Amerikaner). Häufig dienen sie in der politischen Debatte dazu, die machthabende, verkommene Elite (SIE) vom Volk (WIR) abzugrenzen, wobei sich Verschwörungstheoretiker immer als Teil des WIR präsentieren, auch wenn sie eigentlich Angehörige der Elite sind. Gute Beispiele dafür sind Donald Trump oder eben auch Eva Herman. Typisch für Verschwörungstheoretiker ist eine beleidigte, selbstgerechte Grundhaltung: Fehler und böser Wille werden stets dem politischen oder ideologischen Gegner unterstellt. Der Wille zur Selbstkritik fehlt vollständig.

Auflösung und Rückkehr

Nach Verboten in Portugal (1759), Frankreich (1762) und Spanien (1767) löste Papst Clemens XIV. den Orden 1773 formell auf. Die Gründe der Aufhebung ähneln in manchem denen, die zur Unterdrückung des Templer-Ordens geführt hatten: wachsende Unbeliebtheit des Ordens, die unter anderem auch auf seinem Finanzgebaren beruhte, Reformunfähigkeit beziehungsweise mangelnde Anpassungsfähigkeit an die gesellschaftlichen und politischen Umstände und nicht zuletzt das verschwörerische Image.

Gut vierzig Jahre später wurden die Jesuiten wieder zugelassen – und im 19. Jahrhundert spielten sie abermals eine wichtige Rolle in den weltanschaulichen Auseinandersetzungen. Vor allem in Frankreich befürchteten viele eine Unterwanderung der staatlichen Institutionen durch den Orden. Aber auch in Deutschland entstand eine voluminöse Propagandaliteratur gegen den Orden. Das Bild vom Ordensgeneral als „schwarzem Papst" stammt vermutlich aus der Zeit um die Mitte des 19. Jahrhunderts, als der Orden für nahezu jede gesellschaftliche Entwicklung und Fehlentwicklung verantwortlich gemacht wurde – und zwar von den unterschiedlichsten politischen Lagern. Den Monarchisten war ihre Anbindung an den Heiligen Stuhl ein Dorn im Auge, den Linken ihr Katholizismus schlechthin.

Ziele des Hasses

Die Verschwörungspropaganda gegen den Orden erhielt nach dem Ersten Weltkrieg neue Kraft. Das Ehepaar Ludendorff, das auch gegen Freimaurer und Juden hetzte, sah die Jesuiten als Beteiligte an unpatriotischen Weltherrschaftsplänen. Völkische Autoren warfen dem Orden über alle Jahrhunderte „Protestantenhass und Vaterlandslosigkeit" vor. Im Nationalsozialismus wurden alte Verschwörungstheorien gegen die Jesuiten wieder in Umlauf gebracht und neue hinzugedichtet. In einem Bericht der Politischen Polizei in München vom 23. April 1935 etwa wurde beschrieben, wie „die zersetzende und volksaufwiegelnde Tätigkeit der Jesuiten" aufzuhalten sei. Der erste katholische Geistliche, der 1934 in ein Konzentrationslager kam, war der Jesuit Josef Spieker, weil er Christus aus Anlass des Christkönigsfests als „Führer" bezeichnet hatte – für die Nationalsozialisten gab es freilich nur einen „Führer", nämlich Adolf Hitler. Aus Sicht des Regimes waren die Jesuiten Alfred Delp, Lothar König und Augustin Rösch, die sich in der Widerstandsgruppe „Kreisauer Kreis" engagierten, Teil einer Verschwörung, zumal Delp und König auch Kenntnis von den Plänen zum Attentat auf Hitler, das dann am 20. Juli 1944 verübt wurde, hatten. Zahlreiche Angehörige des Ordens wurden Opfer nationalsozialistischer Verfolgung.

Heimliche Weltherrscher? Propagandabroschüre aus den 20er Jahren

Auch die Dummheiten bleiben ...

Noch heute geistern Texte und Videos durch das Internet, die den Jesuiten die Schuld für nahezu sämtliche Übel der Welt zuweisen. So wird behauptet, sie trachteten schon immer danach, den Papst und die europäischen Monarchen zu kontrollieren. Die Tatsache, dass mit Franziskus ein Jesuit auf den Papstthron kam, scheint diese Verschwörungstheorie in den Augen mancher zu bestätigen.

Daneben gibt es die Idee, die Jesuiten hätten den Illuminatenorden gegründet, um feindlich gesinnte Monarchen zu stürzen. Im 20. Jahrhundert kam die Idee auf, Jesuiten hätten den Untergang der Titanic verursacht, um mit Hilfe der Federal Reserve Bank die beiden folgenden Weltkriege zu finanzieren, die angeblich allein dem Vatikan Nutzen eintrugen. Daher starben beim Titanic-Unglück die drei reichsten jüdischen Bankiers, nämlich Astor, Guggenheim und Straus. Da die Jesuiten auch die CIA kontrollierten, ließen sie auch den Mord an Kennedy begehen. Am Vietnamkrieg, der ja bekanntlich durch Kennedys Tod möglich wurde, verdiente die von den Jesuiten kontrollierte Federal Reserve Bank diesen Darstellungen zufolge 220 Millionen Dollar. Jesuiten stecken in diesem Denken hinter allen neonazistischen und antisemitischen Gruppen, sie planten unter anderem das Attentat von Oklahoma City. Mit Hilfe der ebenfalls unter ihrem Einfluss stehenden Malteserritter kontrollieren sie nicht nur die Federal Reserve Bank, sondern auch die Organisation *Opus Dei*. Im Denken von Verschwörungstheoretikern üben die Jesuiten also nach wie vor hinter den Kulissen ihre unheimliche Macht aus – als weltweit operierende Verschwörergruppe haben sie allerdings einige Konkurrenz, wie die nächsten Kapitel zeigen werden.

Heimliche Streiter für Weisheit und Tugend – Freimaurer, Rosenkreuzer und Illuminaten

Steckten die Freimaurer und Illuminaten hinter der Französischen Revolution? Planten sie etwa auch die Ermordung des österreichischen Thronfolgers Franz Ferdinand in Sarajevo? Vor allem die geheimnisvoll wirkenden Rituale der Geheimbünde und ihre Verschwiegenheit wecken das Interesse von misstrauischen Außenstehenden. Doch steckt nicht auch ein Funken Wahrheit in den Gerüchten um die Geheimbünde? Wo Rauch ist, muss doch wohl auch Feuer sein…

Den historischen Ursprung haben die Freimaurer in den Steinmetzbruderschaften des Mittelalters, die unter anderem vom Bau der Kathedralen lebten. Die Bruderschaften waren zu strenger Geheimhaltung verpflichtet, um ihr Fachwissen vor Außenstehenden zu schützen und sich dennoch austauschen zu können. Im Gegensatz dazu ging es der Freimaurerei nicht mehr um Geschäftsgeheimnisse, sondern um Mysterien, die die Eingeweihten vor der Außenwelt schützen sollten.

Hüter der Weisheit: Seit drei Jahrhunderten gelten die Freimaurer als Strippenzieher

Als Beginn der Freimaurerei wird gemeinhin das Jahr 1717 angenommen, in dem sich vier Londoner Logen zu einer Großloge, der *United Grand Lodge of London* (engl. Vereinigte Großloge von London), vereinigten. Die erste deutsche Loge gründete sich 1737 in Hamburg unter dem Namen *Absalom zu den drei Nesseln*. Bis zur Französischen Revolution 1789 entstanden nahezu 400 Logen in Deutschland, die etwa 27.000 Mitglieder zählten. Von Anfang an verfolgten sie aufklärerische Ziele, was sie früh in einen gewissen Gegensatz zur bestehenden Ordnung brachte. Misstrauisch beäugte die katholische Kirche die schnelle Verbreitung der Freimaurer auf dem europäischen Kontinent und in den europäischen Kolonien in Amerika – und das obwohl von Beginn an bis weit ins 19. Jahrhundert hinein zahlreiche Geistliche Mitglieder der Freimaurer waren.

Mystische Ursprünge

Bei ihrer Gründung sahen sich zumindest einige Freimaurerlogen nicht zuletzt in der Tradition der Tempelritter, „deren geheime Traditionen angeblich durch Vermittlung der Rosenkreuzer in die Freimaurerei eingebracht worden waren", wie bei dem italienischen Semiotiker Umberto Eco zu lesen ist. Manche ziehen die Linie der Geheimgesellschaften sogar bis ins Alte Ägypten oder von den muslimischen Assassinen über Templer und die mythischen Rosenkreuzer bis zum Freimaurertum. Ist es nur ein historischer Zufall, dass die Freimaurer in der Geschichte – ähnlich wie die Tempelritter – zum Ziel von Verschwörungsunterstellungen wurden? Konspirativ wirkten bei den Freimaurern wie bei den Templern die Veranstaltungen, die zwar geheim waren, aber an öffentlich sichtbaren Orten stattfanden, der esoterische und mystische Anschein der Rituale und der tatsächliche Einfluss vieler Freimaurer im politischen Leben. Misstrauisch stimmte Außenstehende außerdem, dass die Freimaurer ihr angeblich auf die Templer zurückgehendes „Geheimwissen" vor der Außenwelt abschirmten: So soll es 1826 einen Mord von Freimaurern an einem abtrünnigen Bruder gegeben haben, um die Preisgabe des Wissens zu verhindern – eine Tat, die lange noch der Propaganda gegen die Gesellschaft diente. Das liberale Humanitätsideal der Freimaurer mit seiner eindeutigen politischen Größenordnung löste Misstrauen bei den Anhängern der bestehenden Ordnung aus.

Während bis heute Außenstehende in Geheimgesellschaften das

Verborgene, Arkane, Konspirative fürchten, ist der Begriff sprachgeschichtlich vermutlich eher mit „heimlich" im Sinne von „privat, nicht-staatlich" in Verbindung zu bringen. Richtig bleibt jedoch: Immer geht es in Organisationen wie den Freimaurern um Vertraulichkeit – die Inhalte der Gespräche und vor allem die Identität der Gesprächspartner (bei denen es sich bis vor kurzem stets um Männer handelte) blieben in den Logen. Dies betrifft die Zeit nach der Aufnahme, über deren Riten selbstverständlich auch Stillschweigen zu bewahren ist.

Charakter der Freimaurerei

Eine der treffendsten Beschreibungen des freimaurerischen Geheimnisses fand Giacomo Casanova, eine der – auch abgesehen von seiner Eigenschaft als Frauenheld – faszinierendsten Figuren des aufklärerischen Zeitalters:

„Wer sich nur unter die Freimaurer aufnehmen läßt, um das Geheimnis der Loge zu ergründen, der hat sehr zu befürchten, da[ß] er unter der Kelle alt werden wird, ohne jemals in das Geheimnis dieser Bruderschaft einzudringen. Das Geheimnis der Freimaurerei ist durch seine eigene Natur unverletzlich. Wer das Geheimnis der Freimaurerei errät – denn man erfährt es nur, wenn man es selbst errät -, […] hütet […] es streng und vertraut es selbst seinem besten Freund in der Freimaurerei nicht an, denn er weiß, daß es keinen Zweck haben würde, Vorteil daraus zu ziehen, wenn er es von einem anderen zugeflüstert bekäme. Er schweigt, und das Geheimnis bleibt stets Geheimnis. Alles, was in der Loge geschieht, muß geheim sein. Diejenigen aber, die mit einer unehrenhaften Indiskretion sich kein Gewissen daraus gemacht haben, die Vorgänge in den Logen zu enthüllen – die haben das Wesentlichste nicht enthüllt: Sie kannten es nicht; denn wenn sie es gekannt hätten, so würden sie sicherlich das Zeremoniell nicht verraten haben."

Beim Geheimnis der Freimaurerei handelt es sich also um einen Wert, den wir heute vermutlich am ehesten als esoterisch bezeichnen würden. Der Freimaurer sehnt sich danach, eine gewisse Stufe der Erkenntnis oder Erleuchtung – „das maurerische Licht", wie es Giuliano Di Bernardo, ehemaliger Großmeister der *Gran Loggia Re-*

golare d'Italia (ital. Reguläre Großloge von Italien) formulierte – zu erlangen. Praktikables Wissen, das etwa im politischen oder wirtschaftlichen Leben nutzbar wäre, erwirbt er dadurch nicht. Bei manchen Freimaurern drängt sich bis heute der Eindruck auf, dass sie das (angeblich) verlockende Geheimnis nutzen, um sich interessant zu machen.

Klerikale Skepsis

Bereits kurz nach ihrer Gründung äußerten kirchliche Autoren Vorbehalte gegenüber den Logen, und es gab auch erste Verbote. Papst Clemens XII. erließ 1738 eine Bulle gegen die Freimaurer, die freilich nur in Spanien, Portugal und Polen rechtswirksam wurde. In der 1746 erschienenen Schrift *Les franc-masons écrasés* (frz., deutscher Titel: Die zerschmetterten Freymäurer) behauptete ein Abbé Laradan, Oliver Cromwell habe die Freimaurerei ins Leben gerufen, um in England die katholischen Stuarts zu bekämpfen – er befürchtete eine „antikatholische Verschwörung von Protestanten und Freimaurern". Auch andere kirchliche Autoren, die den Freimaurern unterstellten „Schelmen, Spitzbuben und Teufelsbanner" zu sein, fanden weite Verbreitung. Dieses Denken formierte sich bis zur Französischen Revolution. Der Aachener Dominikaner Ludwig Greinemann sprach 1778 davon, die Freimaurer seien schon an der Kreuzigung Jesu beteiligt gewesen – hier taucht erstmals die später wirkmächtig werdende Verbindung von Judentum und Freimaurerei auf: „Die Juden, die den Heiland kreuzigten, waren Freimaurer, Pilatus und Herodes die Vorsteher einer Loge. Judas hatte sich, bevor er Jesus verriet, in einer Loge zum Maurer machen lassen".

Ernst August von Göchhausen, ein Weimarer Regierungsbeamter, behauptete in seinem 1786 anonym veröffentlichten Buch *Enthüllung des Systems der Weltbürger-Republik*, eine Verschwörung von Freimaurern, Illuminaten und Jesuiten verfolge das Ziel, gesellschaftliche Umwälzungen auszulösen. Die dann tatsächlich ausgebrochene Revolution in Frankreich schien diese These zu bestätigen. Etliche Beteiligte der Französischen Revolution, etwa Danton, waren Freimaurer, andere wie Robespierre allerdings nicht. Scheinbar unvermittelt erschienen nun auch die Jesuiten als Protagonisten der Weltverschwörung. Diese Verbindung ist in Zusammenhang zu sehen mit der Aufhebung des Jesuitenordens 1773: Aufklärerische

Autoren befürchteten eine Unterwanderung der Freimaurer durch die nun heimatlos gewordenen Soldaten Christi. In der radikal aufklärerischen Publizistik der 1780er und 1790er Jahre – führend war hier die *Berlinische Monatsschrift* – setzte eine regelrechte „Jesuitenriecherei" ein, wie es der Arzt und Schriftsteller Johann Georg Zimmermann spöttisch ausdrückte. Aber auch diese Unterstellung hielt sich in verschwörungstheoretischen Zirkeln bis in die 1920er Jahre.

Typische Merkmale

Der deutsche Amerikanist Michael Butter sieht drei Merkmale als wesentlich für Verschwörungstheorien an: „1.) Nichts geschieht durch Zufall. 2.) Nichts ist, wie es scheint. 3.) Alles ist miteinander verbunden." Diese Merkmale treffen nicht immer alle zu, es gibt jedoch eine hohe Wahrscheinlichkeit, eines von ihnen in einer Verschwörungstheorie wiederzufinden.

Nahezu besessen versuchen Verschwörungstheoretiker, den Gegenstand ihres Interesses überall zu finden. Sie neigen dazu, ihm sehr viel Zeit zu widmen und überall Beweise für ihre Hypothesen zu sehen, etwa in Zahlen oder Symbolen. Berühmt sind zum Beispiel die Hinweise auf die Illuminaten auf der amerikanischen Ein-Dollar-Note, die aus Sicht von Verschwörungstheoretikern den bis heute dauernden Einfluss des Geheimbunds belegen.

Verschwörungstheoretische Abhandlungen imitieren mit Zahlen, Tabellen, Fußnoten oder Statistiken häufig typische Formen wissenschaftlichen Arbeitens. Mitunter veröffentlichen selbst seriöse Verlage verschwörungstheoretische Abhandlungen, weil sie dem wissenschaftlichen Gestus von Scharlatanen aufsitzen. Indem sich Verschwörungstheoretiker gegenseitig zitieren, gaukeln sie Wissenschaftlichkeit vor und unterlaufen damit zugleich das wissenschaftliche System. Beliebt ist bei Verschwörungstheoretikern, den Doktor- oder gar Professorentitel aufs Deckblatt zu setzen. Häufig hat der genannte wissenschaftliche Titel aber nichts mit dem gewählten Forschungsgegenstand zu tun. Ein promovierter Ingenieur wird sich kaum kompetent über historische Zusammenhänge äußern können, so wie sich ein Historiker hüten sollte, bal-

Strippenzieher der Revolution?

Systematisch führte der Abbé Barruel – ein ehemaliger Jesuit – in seinem 1797 erschienenen Buch *Mémoires pour servir à l'histoire du Jacobinisme* (frz. Denkwürdigkeiten zur Geschichte des Jakobinismus) die Theorie aus, Freimaurer und Illuminaten hätten zusammen mit den Philosophen der Aufklärung die Französische Revolution geplant. Barruel machte aus den Illuminaten – die in der Tat nahezu totalitär organisiert waren – eine Gruppe mit einer gleichsam schon kommunistischen Ideologie, denn sie waren in seinen Augen „nicht bloß

listische Details des Anschlags auf John F. Kennedy zu diskutieren.
Verschwörungstheorien lassen sich weder widerlegen noch beweisen. Kennzeichnend ist für sie als Glaubenssystem, dass sie sich gegen jeden Widerspruch immun machen. Verschwörungstheoretiker neigen dazu, Gegenargumente in ihr System einzubauen und sie sogar als Beleg dafür zu nehmen, wie raffiniert die vermeintlichen Verschwörer vorgehen.

Ein beliebtes Stilmittel von Verschwörungstheoretikern ist die Verwendung von Metaphern oder ähnlichen Stilfiguren. Als eindrückliches Bild taucht häufig die Marionette auf: die Bundesregierung als Marionette der Vereinigten Staaten, die Medien als Marionetten der Politik, die Politiker als Marionetten der Geheimen Weltregierung. Auch Kraken oder Spinnen sind als vielarmige Tiere besonders beliebte Verbildlichungen der angeblichen Verschwörer: Die Nationalsozialisten stellten zum Beispiel die katholische Kirche als Spinne dar, die ihr Netz über Deutschland legte. Gute zehn Jahre später wurde das Bild der Spinne auf die Sowjetunion angewendet, die ihren Einflussbereich nach Westen ausdehnen wollte. Die nationalsozialistische Propaganda nutzte außerdem den Kraken, um sowohl die englische Politik zu beschreiben, als auch, um antisemitische Propaganda zu verbreiten. Das Motiv des Kraken tauchte vor einigen Jahren dann in der globalisierungskritischen Protestbewegung auf, zum Beispiel 2015 bei den sogenannten Blockupy-Demonstrationen vor der Europäischen Zentralbank in Frankfurt. Hier wird der Kraken – ähnlich wie bei den Nationalsozialisten – als Bild für weltumspannende Konzerne genutzt.

gegen die Könige, sondern gegen jede Regierungsform, gegen jede bürgerliche Gesellschaft, und selbst gegen jede Art des Eigentums verschworen". Vor allem die Philosophie von Kant – mit dem der Illuminatengründer Weishaupt in Wirklichkeit zu rivalisieren trachtete – war es, die Barruel als Grundlage des Illuminatentums sah: Es sei „im Grunde leicht zu erkennen, dass das System des Doctors Kant, dermalen noch Professor in Königsberg, mit dem des Doctors Weishaupt, vormals Professor in Ingolstadt, am Ende auf eins hinausläuft". Barruel greift hier zu einer falschen Analogie, einem für Verschwörungstheoretiker bis heute nachgerade charakteristischen Kunstgriff: Die Tatsache, dass es sich bei beiden Männern, denen er die Schuld an der Revolution zuschiebt, um „Doctores" handelt, besagt eigentlich gar nichts. In der Logik des Verschwörungstheoretikers aber entsteht hier ein inhaltlicher Zusammenhang.

Ebenfalls 1797 veröffentlichte der schottische Physiker John Robison sein Werk *Proofs of a Conspiracy against all the Religions and Governments of Europe, carried on in the Secret Meetings of Free-Masons, Illuminati and Reading Societies* (engl., deutscher Titel: Über geheime Gesellschaften und deren Gefährlichkeit für Staat und Religion). Beide Bücher wurden in mehrere europäische Sprachen übersetzt, in hohen Auflagen verbreitet und wirkten lange nach. Während der Abbé Barruel seine Verschwörungstheorien von einem katholischen Standpunkt aus formulierte, gab John Robison den protestantischen Vorbehalten Ausdruck. Auf diese Weise verbreiteten sich die Theorien in allen Gegenden des Kontinents und in Nordamerika. In Deutschland nahmen sie noch eine besondere Richtung, denn der deutsche Herausgeber der Schrift des Abbé Barruel stellte die angebliche Verschwörung in seinem Vorwort in einen Zusammenhang mit dem angeblichen „Judenthum der Maurer". In der Literatur ist in dieser Hinsicht häufig auch vom sogenannten Simonini-Brief die Rede, der die Verschwörungstheorien rund um die Freimaurer mit antisemitischen Elementen angereichert habe. Ein Hauptmann Simonini habe den Abbé Barruel in einem Brief auf die angebliche Beteiligung der Juden an der großen Verschwörung hingewiesen. Dieser Brief wurde allerdings erstmals 1878 in einem katholischen Periodikum veröffentlicht. Seine Echtheit ist nicht belegt.

Die Ideen über die Schuld der Freimaurer, Illuminaten und Philosophen an der Französischen Revolution, die sich bei Barruel fanden, verbreitete auch der protestantische Theologieprofessor Johann

Weltereignis mit Hintermännern? Konservative Publizisten machten Freimaurer und Illuminaten für die Französische Revolution verantwortlich

August von Starck in seinem Anfang des 19. Jahrhunderts erschienenen Buch *Der Triumph der Philosophie im Achtzehnten Jahrhunderte*. Einen Beleg für die These sahen die Verschwörungstheoretiker in einer Reise von zwei Illuminaten nach Paris: Johann Joachim Christoph Bode und Christian Wilhelm von dem Bussche kamen 1787 in die französische Hauptstadt, um Mitglieder für die Loge *Les Amis Réunis* (frz. Die wiedervereinten Freunde) anzuwerben und um ihre französischen Geistesbrüder zugleich „vor einer vermeintlichen katholischen Unterwanderung zu warnen". Einen Zusammenhang mit der zwei Jahre später ausgebrochenen Revolution gab es nicht, dennoch diente die Reise in der Folge immer wieder als Beleg für die Verschwörungstheorie. Starck brachte die Ideen der Verschwörungstheoretiker auf den Punkt:

„Durch den aus Deutschland nach Frankreich hinüber getragenen Illuminatismus, der den Jacobinismus gebahr, ward die von den Philosophen angelegte Mine zum Ausbruch gebracht, und den in den illuminirten Freymaurerlogen amalgamirten Adepten der Philosophen- und Illuminaten-Conjuration hat Frankreich den Sturz des Throns und der Altäre, die Vernichtung der Geistlichkeit und des Adels, seine democratische Republik, die Anarchie mit allen ihren Begleitern, die ungeheuren Plane zur Entchristung und Republikanisirung der ganzen Welt und alle damit verbundenen Gräuel zu verdanken."

Vorurteile und Misstrauen gegen die Freimaurer verbreiteten sich zu Beginn des 19. Jahrhunderts schnell, wurden aber auch zum Gegenstand des Spotts. In Büchners Woyzeck von 1836/37 etwa fürchtet sich ein als geistig minderbemittelt Dargestellter vor ihrem heimlichen Treiben. Die Revolution von 1848 provozierte wiederum entsprechende Verschwörungstheorien. Diesen antiliberalen Ideen fügte der Pater Georg Michael Pachtler, ein Jesuit übrigens, noch eine antisozialistische Komponente hinzu. In seinen Schriften *Der Götze der Humanität* (1875) und *Der stille Krieg gegen Thron und Altar* (1876) behauptete er, die Freimaurer steuerten die sozialistische Bewegung. War es schon absurd, die beiden unterschiedliche politische Ziele verfolgenden politischen Bewegungen zu vermischen, so hatte die angebliche sozialistische Verbindung der Freimaurer überhaupt keinen Realitätsbezug, gerade in Deutschland. Die deutschen Logen hingen zumeist den Hohenzollern an, zumal Wilhelm I., der Kaiser der Reichseinigung, selbst Freimaurer war.

Freimaurer und Judentum

Im 19. Jahrhundert wurde auch die angebliche Verbindung von Freimaurerei und Judentum vermehrt zum Thema. Erstmals wurde diese, wie erwähnt, 1782 behauptet – das Jahr, in dem sowohl die Freimaurer bei ihrer Wilhelmsbader Tagung der Herkunft von den Templern abschworen als auch die Illuminaten ihren Hauptsitz nach Frankfurt, die Heimat der Familie Rothschild, verlegten. Die Revolution von 1848, bei der etliche Juden eine herausgehobene Rolle spielten, diente als Verstärker für die Propagandisten der jüdisch-freimaurerischen Verschwörung, die von Autoren in Deutschland, Frankreich, den Vereinigten Staaten und Großbritannien behauptet wurde. Der britische Politiker Benjamin Disraeli, in späteren Jahren ein bedeutsamer Premierminister, identifizierte 1852 das Freimaurer- mit dem Judentum:

„Zur Zerstörung des semitischen Prinzips, zur Ausrottung der jüdischen Religion, ob in der mosaischen oder in der christlichen Form, werden die naturgegebene Gleichheit der Menschen und die Aufhebung des Eigentums von den Geheimgesellschaften propagiert, die Interimsregierungen bilden, und an der Spitze von ihnen allen sind Männer der jüdischen Rasse zu finden. Das Volk Gottes arbeitet

zusammen mit Atheisten; die geschicktesten Anhäufer von Besitztümern verbünden sich mit Kommunisten; die besondere und auserwählte Rasse reicht dem Abschaum der Menschheit und den unteren Kasten Europas die Hand!"

Antisemiten mutmaßten in einer Schrift des Jahres 1869, die Freimaurerei sei „ein tollkühnes Unterfangen des Judaismus, einen künstlichen Judaismus zu dem Zweck, fremde Menschen – und vor allem Christen – für die jüdische Rasse zu rekrutieren". Dabei war gerade die Freimaurerei in Deutschland stark antisemitisch geprägt, entsprechende Vorwürfe kamen daher vor allem in Frankreich auf. Dort gab es etwa die Idee, die *Alliance Israélite Universelle* (frz. Israelitischer Weltbund) – ein Wohltätigkeitsverein – lenke das Freimaurertum. Zu Unrecht wurde 1894 in Frankreich der jüdische Offizier Alfred Dreyfus wegen Spionage für Deutschland verurteilt. Während der Debatte um die Rehabilitation des Offiziers in den Jahren 1898 und 1899 – bekannt auch als „Dreyfus-Affäre" – wurde ebenfalls ein Zusammenhang zwischen Juden- und Freimaurertum behauptet. Im Russischen gibt es sogar einen eigenen Begriff – *Zhidomasonstvo* – für diese angebliche Verbindung. Ein Dilemma für Verschwörungstheoretiker bestand dabei immer in der Frage, ob die Juden hinter den Freimaurern steckten oder umgekehrt.

Häufig kamen Vorwürfe gegen die Freimaurer, wie auch bei anderen angeblichen Verschwörergruppen, von Renegaten, ehemaligen Angehörigen der Gruppe, die als solche besondere Glaubwürdigkeit suggerierten. Ein besonders aufsehenerregender Fall war der von Léo Taxil Ende des 19. Jahrhunderts. Léo Taxil wurde 1881 Freimaurer und tat sich zunächst als radikaler Bekämpfer des Katholizismus hervor. Nachdem er unsauberer Geschäfte halber aus der Bruderschaft ausgeschlossen worden war, verfasste er fingierte Enthüllungsschriften, in denen er den Freimaurern unterstellte, einem Teufelskult zu frönen und andere schwarze Künste zu betreiben. In seiner 1891 veröffentlichten Schrift *Les Soeurs Maçons* (frz. Die Freimaurerschwestern) stellte Taxil auch einen Bezug zum Baphomet der Templer her. Auf Anregung Taxils fand 1896 in Trient sogar ein Antifreimaurerkongress statt, an dem etliche kirchliche Würdenträger und über 700 Zuschauer teilnahmen. Vor allem wurde hier über Diana Vaughan diskutiert, eine angebliche „Palladistin", die einem satanischen Kult huldigte. Vaughan war eine von Taxil erfundene Tochter des Teufels Bitru, die nur über ihn mit der Außenwelt kommunizierte. Eine vom Antifreimaurerkongress eingerichtete Kommission fand keine Anhaltspunkte der Existenz dieser Dame. Taxil gab 1897 in Paris zu, Diana Vaughan erfunden zu haben.

So geheim, die gibt's gar nicht – Die Rosenkreuzer

Kurz nacheinander erschienen zu Beginn des 17. Jahrhunderts in Deutschland zwei Schriften, die die Phantasie der Zeitgenossen und ihrer Nachkommen bis heute elektrisierte. Es handelt sich um die beiden Abhandlungen *Fama Fraternitatis* (lat. Ruhm der Bruderschaft, 1614) und *Confessio fraternitatis Roseae crucis. Ad eruditos Europae* (lat. Bekenntnis der Bruderschaft der Rosenkreuzer. An die Gelehrten Europas, 1615). Als möglicher Autor der anonym erschienen Rosenkreuzer-Abhandlungen gilt der protestantische Theologe und Mathematiker Johann Valentin Andreae. Sicher kann diese Autorschaft jedoch nicht belegt werden. Der italienische Semiotiker Umberto Eco fasst die Schriften und ihre Wirkung so zusammen:

„In diesen Manifesten enthüllte die mysteriöse Bruderschaft der Rosenkreuzer ihre Existenz, informierte über ihren mythischen Gründer Christian Rosenkreutz und äußerte den Wunsch, dass in Europa eine Geheimgesellschaft entstehen möge, die Gold, Silber und Edelsteine im Überfluss besitzt und an die Könige verteilt, damit diese ihren Pflichten und legitimen Zielen nachkommen können. Die Manifeste beharren auf dem geheimen Charakter der Bruderschaft und auf dem Umstand, dass ihre Mitglieder nichts über sich und ihr Wesen verraten dürfen (,es soll auch wohl unser Gebäw [Gebäude], da es auch hundert tausendt Menschen hetten von nahem gesehen, der gottlosen Welt in Ewigkeit ohnberühret, ohnzerstöret, unbesichtigt und wohl gar verborgen bleiben‘).“

Während sich Umberto Eco über die Rosenkreuzer und ihren Wunsch, andere Adepten mögen sich mit der geheim operierenden Bruderschaft in Verbindung setzen, etwas lustig macht, sehen andere Forscher hier ein ernsthaftes Zeitphänomen und in den Rosenkreuzern gleichsam Kämpfer für den Fortschritt, denn die Schriften fordern dazu auf, die Reformation, die stehengeblieben sei, weiterzuführen. Außerdem forderten sie eine Abkehr von der Staats- und

Theologenkirche. Die Utopie eines wahrhaft christlichen Staates entwarf die Schrift *Christianopolis* (1619).

In vielerlei Reaktionen auf die anonymen Schriften gingen die antwortenden Gelehrten davon aus, dass es die Rosenkreuzer wirklich gibt. Zu den Autoren, die sich dazu äußerten, gehörten der Okkultist und Alchemiker Robert Fludd sowie der Leibarzt des Kaisers Rudolf II., Michael Maier. Diese Autoren behaupteten, die Bruderschaft existiere tatsächlich, auch wenn sie selbst zu unbedeutend seien, um sich dazu zählen zu dürfen. Gerüchteweise verlegten die Rosenkreuzer 1623 ihr Hauptquartier nach Paris, was wiederum das Gerücht nach sich zog, die Rosenkreuzer seien Teufelsanbeter. Auch von dem Philosophen René Descartes wurde behauptet, er sei ein Rosenkreuzer. Dieses Gerücht entkräftete Descartes allerdings selbst, indem er sich bei möglichst vielen öffentlichen Anlässen zeigte – unter der Annahme das einem Mitglied eines Geheimbundes so viel Öffentlichkeit sicherlich nie erlaubt würde, wie Umberto Eco beschreibt:

„Sogar Descartes, der während einer Deutschlandreise angeblich (und offensichtlich erfolglos) versucht hatte, sich mit ihnen in Verbindung zu setzen, wurde bei seiner Rückkehr nach Paris verdächtigt, ein Mitglied der Bruderschaft zu sein, und rettete sich mit einem Meisterstreich: Da die Rosenkreuzer allgemein als unsichtbar galten, ließ er sich, wie Adrien Baillet seiner Vie de Monsieur Descartes *(1691) erzählt, bei möglichst vielen öffentlichen Gelegenheiten sehen und entkräftete so das Gerede."*

Wenn es auch die Rosenkreuzer zumindest zu Beginn des 17. Jahrhunderts nicht gab, so ist doch ein Einfluss des Denkens zu verzeichnen, das in den Schriften über die Geheimgesellschaft formuliert wird. Eine Brücke zu den englischen Freimaurern schlug der berühmte Pädagoge Comenius, der vom englischen Parlament beauftragt wurde, „einen Entwurf für eine humanitäre Gelehrtengesellschaft zu verfassen". Daraus entstand 1631 die Schrift *Via lucis* (lat. Weg des Lichts), deren Ideen immerhin zur Gründung der *Royal Society* (engl. Königliche Gesellschaft) führten, der ersten modernen wissenschaftlichen Gesellschaft, deren Mitglieder übrigens häufig Freimaurer waren. Vielleicht existierte tatsächlich zu Beginn des 18. Jahrhunderts eine Bruderschaft der Gold- und Rosenkreuzer, wirkliche Belege dafür gibt es jedoch nicht.

Realexistierende Rosenkreuzer

Einige Jahrzehnte später, in den 1760er Jahren, scheint es wirklich eine Art Rosenkreuzer-Gemeinschaft gegeben zu haben. Die tatsächliche Existenz einer solchen ist der Geschichtswissenschaft aufgrund der Aufhebung der Prager Niederlassung des geheimen Ordens bekannt. Für das Jahr 1777 wird eine Mitgliederzahl von ca. 5.850 angenommen. Nach dem Vorbild der Freimaurer geformt, verfolgten diese Rosenkreuzer doch andere Ziele. Insbesondere wollten sie Irreligiosität, Atheismus, Deismus und Naturalismus bekämpfen – waren in der Tendenz also antiaufklärerisch gesinnt. Eine gewisse Bedeutung erlangten sie in Preußen, in geringerem Maße auch in Bayern. Den Höhepunkt ihres Einflusses erreichten sie unter der Herrschaft des preußischen Königs Friedrich Wilhelm II. Der Niedergang erfolgte dann nach dem Wilhelmsbader Freimaurer-Konvent 1782, der den Einfluss der Rosenkreuzer und gewisse mystische Vorstellungen beseitigte: Nach 1787 trat der Rosenkreuzer-Orden öffentlich aktiv nicht mehr in Erscheinung.

Ziel einer sogenannten „linken Verschwörungstheorie" wurden die Rosenkreuzer um 1784. Einer der Berliner Aufklärer, Friedrich Nicolai, mutmaßte überall katholische Verschwörungen. Seiner Fantasie hatte Nicolai schon mit seiner Schrift *Ueber das Entstehen der Freymaurergesellschaft* freien Lauf gelassen, in der er die These aufstellte, das Ziel der Freimaurerei sei die Verbreitung des Katholizismus gewesen. Später dann befeuerte er die sogenannte Kryptokatholizismus-Kontroverse: Nach dem Tode des preußischen Königs Friedrich Wilhelm II., so seine These, sollte der Thronerbe unter dem Einfluss der Gold- und Rosenkreuzer die preußische Religionspolitik ändern und den Katholizismus in Preußen fördern. Ein Merkmal zahlreicher Verschwörungstheorien ist auch hier zu beobachten: Die Tatsache, dass Teile der Geistlichkeit und sogar der Heilige Stuhl schon gegen die Freimaurerei vorgegangen waren, ließ Nicolai offenkundig unbeeindruckt: Im Denken von Verschwörungstheoretikern schließen sich Gegensätze, wie man hier einmal mehr sieht, nicht aus. Im Gegenteil, sie scheinen die besondere Durchtriebenheit des geheimen Plans zu beweisen.

Weltmacht im Geheimen? Pyramide und allsehendes Auge der Illuminaten auf der amerikanischen Ein-Dollar-Note

Gehirnwäsche für Gartenhausverschwörer – Die Illuminaten

„Der Illuminatenorden hat keine gute Presse", so fasste es einmal die *Frankfurter Allgemeine Zeitung* zusammen. Der 1776 von Adam Weishaupt gegründete Orden wirkte zwar zeitlich und räumlich sehr begrenzt. Eine weitreichende Verschwörung gegen die monarchische Ordnung wurde den Illuminaten dennoch unterstellt, auch noch Jahre nach ihrer Zerschlagung.

Johann Adam Weishaupt war Professor für Praktische Philosophie und Kirchenrecht an der Universität Ingolstadt. Für seine Studenten gründete er als Lesezirkel einen „Geheimen Weisheitsbund", aus dem der Illuminatenorden erwuchs. Zum Ziel hatte Weishaupt, die Institutionen im Land zu unterwandern, um langfristig einen Vernunftstaat zu schaffen. Eines der Mitglieder war Freiherr Adolph von Knigge, der dem Orden durch seine organisatorischen Aktivitäten zur weiten Verbreitung verhalf.

Der Illuminatenorden wurde schnell zu einer proto-totalitären Organisation. Auch wenn er mit seinem neuen Bund antijesuitische Ziele verfolgte, nahm sich Adam Weishaupt, der sich den Ordensnamen „Spartacus" zugelegt hatte, die streng hierarchische Organisation des kürzlich aufgehobenen Jesuiten-Orden zum Vorbild. Für seine Zwecke nutzte er verschiedene Mittel, von der gezielten Täuschung der Mitglieder seines Bundes bis zur Gehirnwäsche.

Bis heute gelten die Illuminaten bei manchen Verschwörungstheoretikern als handelnde Kraft hinter Großereignissen der Weltgeschichte wie der Gründung der Vereinigten Staaten von Amerika und der Französischen Revolution. So stellten spätere Verschwörungstheoretiker etwa den zufälligen zeitlichen Zusammenfall der amerikanischen Unabhängigkeitserklärung 1776 mit der im selben Jahr erfolgten Gründung des Illuminatenordens in einen kausalen Zusammenhang – einmal mehr eine falsche, überspannte Folgerung. In aktuellen Romanen wie denen von Dan Brown, der darin häufig falsche historische Fakten verbreitet, wird dieser Mythos weiterverarbeitet.

Dabei glich die reale Existenz der Illuminaten dem Leben einer gewöhnlichen Sozietät des ausgehenden 20. Jahrhunderts. In Gotha etwa gründeten sich die Illuminaten aus einer örtlichen „Privatgesellschaft" heraus und bildeten eine durchaus elitäre Vereinigung: Zahlreiche Hofbeamte und der Fürst selbst, Ernst II. von Sachsen-Gotha-Altenburg, gehörten der Geheimgesellschaft an. Bereits die Mitglieder der Privatgesellschaft, die sich wöchentlich dienstags von 14 bis 16 Uhr zusammenfanden, hatten sich in erster Linie dazu getroffen, um einander Aufsätze vorzulesen. Der Illuminatenkreis *Minervalkirche* kam regelmäßig einmal im Monat zusammen, neigte dabei aber zu größerer Geheimhaltung, vor allem, um sein Wirken vor den lokalen Freimaurern, die nicht allesamt Mitglieder des neuen Ordens waren, geheim zu halten. Die Treffen fanden daher in einem abgelegenen Gartenhaus des Fürsten statt, der aus dem Hintergrund die Arbeit des Kreises steuerte. Ihrem Oberen Johann Joachim Christoph Bode, der die Geschicke der Illuminaten operativ leitete, weil der Ordensgründer Adam Weishaupt in Bayern Repressionen ausgesetzt war, erstatteten sie alle vier Wochen Bericht über ihre Taten und Absichten. Bode wurde dabei mit dem geheimnisvollen Pseudonym „Basilius" angesprochen und gab den anderen Mitgliedern seinen Namen nicht preis. Vielleicht war es auch diese Aura des Geheimen, die die an freiheitliches Denken gewöhnten ehemaligen Mitglieder der Privatgesellschaft dazu motivierte, sich dem kruden Ritual unterzuordnen. Bei den Treffen in des Fürsten Gartenhäuschen nutzten die Illuminaten – ähnlich wie auch die Freimaurer, mit denen es sowohl personelle als auch inhaltliche

Schnittmengen gab – einen Ritualteppich. Die Mitglieder gaben sich Namen wie *Chrysostomos*, *Cleobulus* und *Cassiodor*. Sie verlasen sich gegenseitig Aufsätze zu aufklärerisch-philosophischen, aber auch zu ganz tagespraktischen Themen. Bode betreute die Berichte aus den verschiedenen Zirkeln dabei sehr verantwortungsvoll, obgleich die Menge der geschriebenen Texte ihn mitunter sehr belastete. Anders als der Ordensgründer Adam Weishaupt neigte er nicht zu Zynismus, so dass er sich der Mühe gewissenhaft aussetzte.

Die Zerschlagung der Illuminaten

Im Unterschied zu den Freimaurern, die gleichsam die Persönlichkeitsentwicklung in den Vordergrund ihrer Tätigkeit rückten, versuchten die Illuminaten um Weishaupt, tatsächlichen politischen Einfluss auszuüben. Sie taten dies etwa durch die Unterwanderung staatlicher Institutionen, die teilweise zunächst auch tatsächlich gelang. Als die Illuminaten begannen, gegen die Politik des bayerischen Kurfürsten zu opponieren, überschritten sie jedoch das für den absolutistischen Herrscher tolerierbare Maß. Der Orden mit seinen etwa 1.500 Mitgliedern wurde 1784 und 1785 in allen deutschen Staaten zerschlagen. In der Folge lebten die Illuminaten jedoch im verschwörungstheoretischen Denken weiter – in ähnlicher Form, wie es bei den Jesuiten zu beobachten oder auch bei den Templern geschehen war. Schillernde Weltereignisse und Figuren wurden mit ihnen in Verbindung gebracht: So gab angeblich der berühmte Abenteurer und Hochstapler Giuseppe Balsamo *alias* Graf Cagliostro gegenüber der Inquisition an, Großmeister der Illuminaten zu sein.

Die Angst vor den im Geheimen weiterhin agierenden Verschwörern hielt sich über die Jahrhunderte bis heute. Zahlreiche Bücher, Filme und sogar Brettspiele machen sich die Faszination, die von der Geheimgesellschaft bis heute ausgeht, zunutze.

Prager Friedhöfe und Berner Prozesse – Die Protokolle der Weisen von Zion

Die Mutter der Verschwörungstheorien richtet sich gegen das Judentum: Angeblich belegen die „Protokolle der Weisen von Zion", ein Anfang des 20. Jahrhunderts entstandenes fiktives Dokument, eine jüdische Weltverschwörung. Schon lange als Erfindung entlarvt, finden die „Protokolle" immer noch Anhänger. Ebenso verwirrend wie der Text selbst ist seine Geschichte. Wurde er vom russischen Geheimdienst hergestellt? Stammt er von einem orthodoxen Wanderprediger? Viele Fragen und Mythen ranken sich um dieses geheimnisvolle Dokument.

Der Rand des Buches ist übersät mit Kommentaren des Eigentümers. Eingeklebte Zeitungsartikel und Zeichnungen sowie eingelegte Notizzettel belegen, dass jemand offenbar fanatisch mit dem Exemplar gearbeitet hat. Besonders eindrucksvoll ist eine Seite, auf der eine Figur zu sehen ist, die einen menschlichen, offenbar weiblichen Oberkörper hat, dazu zwei große dunkle Flügel und einen Ziegenkopf, auf dessen Stirn ein fünfzackiger Stern prangt. Aus dem Schoß der Figur, der von einem Laken verdeckt ist, wachsen zwei Schlangen. Die Bildunterschrift belehrt uns, wen wir hier sehen: Es handelt sich um den „Baphomet der Templer", den Götzen also, den die Templer angeblich verehrt hatten. Hier nun findet sich diese Figur in den *Protokollen der Weisen von Zion* wieder, dem bis heute einflussreichsten Dokument, das eine jüdische Weltverschwörung belegen soll.

Die hier beschriebene Ausgabe stammt aus dem Besitz von Sergej Nilus, einem extrem religiösen russischen Publizisten, der den Text erstmals 1905 als Buch herausgab. Während die Wirkung der Ausgabe von 1905 zeitlich und räumlich zunächst begrenzt blieb, entfaltete die Variante, die Anfang 1917 im Verlag des bedeutenden orthodoxen Klosters Sergiev Posad herausgegeben wurde, eine bis heute andauernde, verhängnisvolle Wirkung.

Buch mit Folgen: Handexemplar der
„Protokolle der Weisen von Zion" aus dem Besitz von Sergei Nilus

Verwirrendes Schriftstück

Die *Protokolle der Weisen von Zion* sind in dieser kurz vor dem
Sturz der russischen Monarchie herausgegebenen Fassung in ein
längeres antisemitisches Machwerk eingebettet. Sie geben eine
Rede wieder, die ein anonym bleibender Sprecher auf dem ersten
Zionistenkongress 1897 in Basel gehalten haben soll. Der Redner
beschreibt, wie die Juden mit Hilfe der Freimaurer die Gesellschaft
durch „Parteihader", „Herrschaft des Geldes", „Wirtschaftskriege"
und die „zersetzenden Lehren [...] von Darwin, Marx und Nietzsche"
zermürben, bis die auf diese Weise demoralisierten Völker ihnen die
Macht freiwillig übergeben.

Ein „König aus dem Blute Zion" werde dann regieren, der „in sitt-
licher Hinsicht" ein leuchtendes Beispiel geben solle. Dieser „König
der Juden", der die Züge des Antichrists trägt, werde eine Diktatur
errichten, in der das Volk etwa „durch allerhand Vergnügungen,
Spiele, Leidenschaften und öffentliche Häuser" abgelenkt werde.
Die Arbeitslosigkeit werde abgeschafft, und zugleich werde eine
ausgelassene Vergnügungskultur verordnet. Davon ausgenom-
men ist allerdings die „Trunksucht", die verboten werden soll. Dies
ist einer der zahlreichen Widersprüche die charakteristisch für die

Protokolle der Weisen von Zion sind, denn der Text ist durch den verwirrenden Schreibstil nur schwer verständlich. Jedenfalls scheint die in den *Protokollen* beschriebene Weltherrschaft der Juden keine blutrünstige Diktatur zu sein, wie vereinzelt noch zu lesen ist. Der Historiker Michael Hagemeister, der wohl beste Kenner der *Protokolle* und ihrer Geschichte, schreibt dazu:

„Das Ziel der Verschwörung, wie es die Protokolle ausführlich schildern, ist also keine Tyrannei des Schreckens, sondern ein konfliktloses ‚Reich der Vernunft', in dem die als ‚blind' und zur Herrschaft unfähig beschriebenen ‚Massen', durch staatliche Fürsorge und Kontrolle vollständig manipuliert, dafür aber ohne die Zumutung der Freiheit in dumpfer Zufriedenheit ihr Dasein fristen werden."

Es handelt sich hier offenkundig um ein obskures Dokument, dessen Unglaubwürdigkeit auf der Hand zu liegen scheint, dessen Wirkung aber dennoch bis heute andauert. Woher stammt es, und wie konnte es diesen Einfluss gewinnen?

Erstmals wurden die *Protokolle der Weisen von Zion* 1903 in der rechtsextremen russischen Zeitschrift *Znamja* (russ. Das Banner) veröffentlicht. Bedeutsam wurde dann die oben erwähnte Buchpublikation von Sergej Nilus, der den Text in den folgenden Jahren in mehreren Varianten herausgab, ohne dass er zunächst eine breitere Wirkung entfaltete. Die antisemitische Stimmung in Russland, die sich immer wieder in Pogromen Luft schaffte, bedurfte jedenfalls nicht der Rechtfertigung durch die Protokolle, die – anders als mitunter behauptet – auch nicht von den Kanzeln aller orthodoxen Kirchen Moskaus verlesen wurden. Diese bis heute immer wieder aufgestellte Behauptung ist schon insofern kurios, als es in orthodoxen Kirchen keine Kanzeln gibt. Und selbst die Länge eines orthodoxen Gottesdienstes würde nicht ausreichen, um die Protokolle, wie behauptet, vollständig zu verlesen.

Wer den Text produzierte, bleibt nach wie vor unklar. Nicht nachweisbar sind bis heute immer wieder weitergetragene Unterstellungen, der Geheimdienst des russischen Zaren, die Ochrana, habe ihn verfertigt. Sergej Nilus selbst behauptete, ein inzwischen verstorbener Freund habe ihm die *Protokolle* 1901 übergeben.

Nilus, um dessen Biographie sich selbst Mythen ranken, wie der, es habe sich bei dem studierten Juristen um einen wandernden Mönch gehandelt, nahm die *Protokolle* als Beleg für den endzeit-

Verschwörungstheoretiker: Sergei Nilus veröffentlichte
die „Protokolle der Weisen von Zion"

lichen Kampf zwischen Gut und Böse, den er – bestärkt durch die
Ereignisse der Russischen Revolution – beginnen sah. Zwar weist
manches darauf hin, dass Nilus selbst nicht oder zumindest nicht
durchgängig an die Echtheit der Schrift glaubte. Doch war er immerhin sicher der Auffassung, dass die *Protokolle* etwas festhielten,
was tatsächlich der Fall sei. Ähnlich formulierten es auch andere

Antisemiten. Die einflussreiche Verschwörungstheoretikerin Nesta Webster etwa beschrieb es 1924 so:

„Die einzige Meinung, für die ich mich engagieren kann, ist, dass die Protokolle, seien sie echt oder nicht, das Programm einer Weltrevolution darstellen und dass sie […] entweder das Werk irgendeiner solchen Gesellschaft sind oder von jemandem stammen, der die Traditionen der Geheimgesellschaften bestens kannte und fähig war, ihre Ideen und ihren Stil zu reproduzieren."

Ganz ähnlich formulierte es Adolf Hitler, der die *Protokolle* sicher kannte, sie aber aus noch zu erläuternden Gründen wenig für seine Propaganda nutzte. In *Mein Kampf* machte er sich darüber lustig, dass die *Frankfurter Zeitung* die *Protokolle* als Fälschung bezeichnete, denn das sei „der beste Beweis" ihrer Echtheit: „Was viele Juden unbewusst tun mögen, ist hier bewusst klargelegt."

Bequem und übersichtlich: Funktionen von Verschwörungstheorien

Verschwörungstheorien sind das Ergebnis eines dualistischen Weltbildes. Die Welt wird in Gut und Böse, wahr und falsch geteilt. Grau- und Zwischentöne fehlen. Daher sind Verschwörungstheorien heutzutage auch ein Zeichen für die Radikalität ihrer Vertreter. In demokratischen Staaten kommen sie von den Rändern, nicht aus der Mitte. Tatsächlich waren die größten Verschwörungstheoretiker selbst erfahrene Verschwörer. Stalin hatte die Kunst des Komplotts vor der Russischen Revolution als Bankräuber und Revolutionär im Untergrund gelernt. Hitler hatte sich die Kunst der Verstellung in parteiinternen und -externen Machtkämpfen angeeignet. Nicht zuletzt, weil die Welt radikal in Gut und Böse geteilt wird, gedeihen Verschwörungstheorien in Gesellschaften besonders gut, deren Religiosität nicht durch das kritische Denken der Aufklärung gedämpft wurde – also etwa in den Ländern der Orthodoxie oder in der vorwiegend islamischen Welt.

In der Regel reduzieren Verschwörungstheorien Komplexität, indem sie einfache Ursachen für komplizierte Phänomene anbieten. Ein Beispiel ist die Französische Revolution, die der Abbé

Barruel als Verschwörung der Freimaurer und Juden deutete, obschon vielfältige Ursachen wie der überschuldete Staatshaushalt, die Reformunfähigkeit des Monarchen und Versorgungsschwierigkeiten infolge von Missernten zu ihren Bedingungen gehörten.

Zugleich stellen Verschwörungstheorien jedoch auch ein besonderes Paradoxon dar. Mitunter schaffen sie nämlich neue Komplexität, indem sie scheinbar versteckte einfache Ursachen hinter den Dingen postulieren. Anstatt also mitunter eine einfache Ursache als solche zu akzeptieren, werden komplexe Argumentationsketten gebildet, die einer nach außen abgeschotteten verschwörungstheoretischen Logik folgen.

Verschwörungstheorien reduzieren also zum einen Komplexität, indem sie Ereignisse, die vielerlei Ursachen haben, auf eine einzige zurückführen. Die Französische Revolution etwa erscheint so als Ergebnis einer Verschwörung von Freimaurern und Illuminaten. Zum anderen schaffen sie damit aber wiederum neue Vielschichtigkeiten und Verwicklungen, denn eine solche Verschwörung setzt die Teilnahme von hunderten oder tausenden von Menschen und deren jahrelanges Schweigen darüber voraus. Ähnlich ist es bei der Mondlandung: Ein technisch komplexer Vorgang wird auf die scheinbar einfachere Verschwörungsannahme zurückgeführt, es habe sich lediglich um ein Filmprojekt der amerikanischen Regierung gehandelt. Zugleich wird damit wiederum eine enorme Komplexität geschaffen, denn die Produktion eines solchen Films hätte seinerzeit mehrerer hundert Mitwisser bedurft, die bis heute über diesen Vorgang schweigen müssten. Verschwörungstheorien werden also umso unwahrscheinlicher, je komplexer sie sind. So ist etwa die Idee einer jüdischen Weltverschwörung mit mehreren Millionen Beteiligten aufgrund ihrer hohen Komplexität unmöglich. Gerade bei größeren Verschwörungen mit vielen Beteiligten findet sich Umberto Eco zufolge immer jemand, der sie für Geld verrät.

Häufig werden Verschwörungstheorien als politisches Instrument genutzt, besonders wirksam sind sie in Zeiten der Unsicherheit. Einer kleinen Verschwörergruppe werden dabei gleichsam übernatürliche Kräfte zugebilligt. Besonders wirksam werden dann eingewurzelte Feindbilder, etwa gegen Juden, Katholiken oder auch gegen die „Eliten" allgemein, die als Sündenbock für Fehlentwicklungen dienen. Bereits vorhandene Abneigungen finden ihre Bestätigung in der Verschwörungstheorie. Daher dienen Verschwörungstheorien nicht zuletzt dazu, die Identität einer bestimmten Gruppe und ihr Zusammengehörigkeitsgefühl zu stärken. Im Nationalsozialismus, Kommunismus oder im Kalten Krieg halfen sie dabei, die Reihen im Kampf gegen den Feind oder den vermeintlichen Feind zu schließen, waren also aus Sicht der Herrschenden auch ein Mittel des Machterhalts. Wirksamer ist dabei diejenige Theorie, die einen äußeren Feind oder zumindest eine klar definierbare Gruppe wie die Juden zum Ziel hat. Wenn, wie es im „Großen Terror" der 1930er Jahre in der Sowjetunion der Fall war, jeder ein Feind sein kann, erzeugt dieses allgegenwärtige Misstrauen auch Instabilität.

Verschwörungstheorien legitimieren also staatliches oder persönliches Handeln. Sie können jedoch auch ganz profanen wirtschaftlichen Zwecken dienen. Der Rottenburger Kopp-Verlag macht unter anderem mit verschwörungstheoretischer Literatur etwa zehn Millionen Euro Umsatz im Jahr, wie die *Frankfurter Allgemeine Zeitung* 2017 berichtete. Im Internet werden Gegenmittel gegen *Chemtrails* verkauft, und Bioläden und Reformhäuser – gemeinhin Refugien der Bürgerlichkeit – haben Produkte im Angebot, deren Barcodes „entstört" wurden, um zu verhindern, dass sie Gift absondern: Mit Verschwörungstheorien lassen sich nicht nur in Deutschland Millionen verdienen. Ihre Anhänger wohnen nicht unbedingt in Armenvierteln, sondern bevölkern auch die Reihenendhäuser der Republik. Nicht nur weiße alte Männer glauben also an Verschwörungstheorien, sondern auch moderne Großstadtmütter.

Verheerende Folgen

Bis zur Russischen Revolution entfalteten die *Protokolle* nur eine geringe Wirksamkeit. Der apokalyptische Schrecken, den der Erste Weltkrieg und die Russische Revolution mit sich brachten, bereitete erst den Boden für ihren späteren Einfluss. Russische Emigranten brachten das Buch mit nach Mittel- und Westeuropa und in die USA. Obgleich als Feindbilder des Textes vor allem Liberalismus und Demokratie zu erkennen sind, wurden die Protokolle als Warnung vor dem „jüdischen Bolschewismus" gelesen. In den USA befeuerte der

Automobilmogul Henry Ford ihre millionenfache Verbreitung: Seine in 16 Sprachen übersetzte Publikation *The International Jew* (engl. Der internationale Jude) basierte in weiten Teilen auf den *Protokollen*. In Großbritannien wurde der Text erstmals im Januar 1920 veröffentlicht. In Deutschland kursierten die *Protokolle* bereits 1918/19, die Erstveröffentlichung als Buch erfolgte im Januar 1920.

Der eifrigste Propagandist des Textes in Deutschland war Alfred Rosenberg, in den 1920er Jahren einer der wichtigsten Ideologen des Nationalsozialismus. Auch Rosenberg war sich wohl nicht sicher, ob er den Text für authentisch halten sollte. Dennoch behauptete er in seinem 1923 erschienenen Werk *Die Protokolle der Weisen von Zion und die jüdische Weltpolitik*, dass es sich hier um einen Nachweis für die jüdische Weltverschwörung handle. Ähnlich ging es anderen führenden Nationalsozialisten wie Goebbels oder Eichmann. Tödliche Wirkung entfalteten die *Protokolle* bereits zu Beginn der 1920er Jahre. So bildeten sie einen Teil der Motivation für die Mörder von Walther Rathenau, die den Außenminister jüdischer Abstammung für einen der „Weisen von Zion" hielten.

In den 1920er Jahren wurden die *Protokolle* zu einer Art Hausbuch für Antisemiten. Auch der abgedankte Kaiser Wilhelm II. sah darin den Beleg, dass es „ein jüdisches Komplott zur Errichtung eines jüdischen Weltreichs gebe". Als Propagandainstrument wurden die *Protokolle* von der „antisemitischen Internationale" der Zwischenkriegszeit genutzt. Bei dieser handelte es sich um ein Netz von Judenhassern aus vielen Ländern, die nach dem Ersten Weltkrieg konspirativ zusammenarbeiteten, um ihre antisemitischen Ideen in die Tat umzusetzen. Michael Hagemeister weist darauf hin, dass sie selbst dabei der „Strategie der imaginierten jüdischen Verschwörer" folgten. Diese von Hass getriebene internationale Kooperation ist bis heute wenig bekannt, nicht zuletzt, weil die Antisemiten verschwörerisch und im Geheimen agierten, also die Methoden nutzten, die sie den angeblichen jüdischen Weltverschwörern unterstellten.

Nicht die Frage der Echtheit aber brachte die Elite des „Dritten Reichs" dazu, mit dem Text, der in Deutschland nach 1939 nicht mehr veröffentlicht wurde, zu fremdeln. Bereits 1934 bemerkte der deutsch-jüdische Schriftsteller Walter Mehring, dass das Herrschaftssystem der Nationalsozialisten bemerkenswerte Parallelen mit dem Wohlfahrtsstaat der *Protokolle* zeigt. Auch Hannah Arendt wies in ihrem bahnbrechenden Werk über *Elemente und Ursprünge totaler Herrschaft* auf die Verwandtschaft von Hitlers Politik mit den angeblichen Methoden und Zielen der Weisen von Zion hin:

„Die einzige positive Antwort, die eine ganz außerordentliche Attraktion für die Massen hatte und wegen ihrer offenbaren Abenteuerlichkeit dennoch so gut wie unbeachtet blieb, lag in der Art, wie sich diese Propaganda der sogenannten Protokolle der Weisen von Zion zu bedienen wußte, nämlich als eines Hausbuches für die künftige Organisation deutscher oder arischer Massen für die Errichtung eines Weltreiches. […] Die Nazis begannen mit der ideologischen Fiktion einer Weltverschwörung und organisierten sich mehr oder weniger bewußt nach dem Modell der fiktiven Geheimgesellschaft der Weisen von Zion.“

Tumbe Fälschung

Bereits kurz nach der ersten Veröffentlichung war klar, dass es sich bei den *Protokollen* um eine diplomatische Fälschung handelte. Zar Nikolaj II. von Russland soll bereits kurz nach der Veröffentlichung zu einer entsprechenden Überzeugung gelangt sein. In der Londoner *Times* erschien im August 1921 eine Artikelserie, die nachwies, dass weite Passagen des Textes aus einer Streitschrift des französischen Anwalts Maurice Joly stammten, die einen fiktiven Dialog von Machiavelli und Montesquieu wiedergibt. Etwa vierzig Prozent des Textes der *Protokolle* stammen aus dieser 1864 erschienenen Satire auf Napoleon III. In Jolys Text spielen Juden keine Rolle, den angeblichen zionistischen Verschwörern werden einfach die Stimmen der beiden Philosophen in den Mund gelegt. Andere wichtige Passagen stammen aus Herrmann Goedsches Roman *Biarritz* von 1868. Eine wie ein Kapitel aus einem Schauerroman anmutende Szene voller schmutziger Vorurteile gegenüber den Juden spielt hier auf dem Friedhof in Prag, auf dem sich angeblich eine das Weltgeschehen lenkende allmächtige Verschwörergruppe zusammenfindet. Sicher ist diese Erwähnung des Judenfriedhofs in Prag in einem Vorläufertext der *Protokolle* der Grund, dass bis heute auch in der wissenschaftlichen Literatur die irrige Ansicht zu lesen ist, die *Protokolle* beschrieben eine dort stattfindende Versammlung der zionistischen Weisen. Anklänge aus anderen Schriften finden sich ebenfalls im Text: So erinnert manches an Fjodor Dostojewskis *Legende vom*

Großinquisitor, an seinen Roman *Die Dämonen* und Wladimir Solowjows *Erzählung vom Antichrist*. Freilich wurden diese Texte von ihren Autoren als Fiktion kenntlich gemacht, im Gegensatz eben zu den *Protokollen*, die als Pseudodokument daherkommen, deren Stimmungslage Hagemeister so zusammenfasst:

„Man kann aus den Protokollen die Furcht vor einem heraufziehenden modern-totalitären Zeitalter herauslesen, Furcht vor den Folgen von Industrialisierung, Globalisierung und allumfassender Überwachung. Die jüdischen Verschwörer erscheinen dann als die übermächtigen Repräsentanten und Agenten der Moderne".

Bereits in den 1920er gab es allerdings unzutreffende Antworten auf die Frage, wer die *Protokolle*, die ja weniger eine Fälschung als eine weithin aus Plagiaten bestehende Fiktion sind, verfasst haben könnte. Zeugen meldeten sich, die behaupteten, der Ochrana-Agent Pjotr Ratschkowski habe das Plagiat in Paris herstellen lassen und Sergej Nilus zugespielt, der es ins Russische übersetzt habe. Diese Ursprungsversion erscheint so glaubwürdig (auch wenn sie erwiesenermaßen falsch ist), dass sie bis in die Gegenwart zitiert wird. Der wichtigste französische Kronzeuge dieser Version, Graf Alexandre du Chayla, trat 1934 sogar vor Gericht auf, um sie zu Protokoll zu geben. Tatsächlich wurde als Ergebnis des sogenannten Berner Prozesses von 1933 bis 1937 festgehalten, dass es sich bei den *Protokollen* um eine erwiesene Fälschung handelte. Pjotr Ratschkowski und Sergei Nilus schafften es nichtsdestominder sogar in die große Literatur. Beide figurieren in Umberto Ecos ironischen Verschwörungsromanen *Das Foucaultsche Pendel* und *Der Friedhof in Prag*.

Wirkung bis in die Gegenwart

Die *Protokolle* entfalten ihre Wirkung bis in die Gegenwart. Im islamischen Raum, aber auch in Amerika und Asien werden sie bis heute immer wieder neu veröffentlicht. Rechtsextreme Verlage verbreiten sie nach wie vor in Deutschland, gerne unter dem Deckmäntelchen des „Wissenschaftlichen Quellentextes". Der späterhin aus seiner Partei ausgeschlossene AfD-Politiker Wolfgang Gedeon bezeichnete die *Protokolle* in mehreren Büchern als seriöse Quelle.

Weithin von der Öffentlichkeit toleriert schreiben auch anerkannte Publizisten wie Jakob Augstein von der „Israelisierung der Welt" und nehmen damit ein Motiv der angeblichen jüdischen Weltmacht aus den *Protokollen der Weisen von Zion* auf.

Arabische Kommentatoren beziehen sich in ihrer Israelkritik nach wie vor auf die *Protokolle*. Fernsehserien nehmen die antisemitischen Behauptungen des Textes für bare Münze. Zweifelsohne inspiriert von den *Protokollen* sprach Necmettin Erbakan, der Gründer der Organisation Milli Görüs und politische Ziehvater des türkischen Präsidenten Erdogan, davon, die Juden regierten seit 5.700 Jahren die Welt: „Es ist eine Herrschaft des Unrechts, der Grausamkeit und der Gewalt." Und auch im Westen dienen die aus den *Protokollen* bekannten Unterstellungen bis auf weiteres als Futter für Verschwörungstheoretiker, wenngleich hiesige Politiker oder Journalisten meist so geschickt sind, antisemitische Motive zu verwenden, ohne geradewegs dabei von Juden zu sprechen – eine besonders perfide Strategie, die bewirkt, dass menschenfeindliche, verschwörungstheoretische Denkmuster hoffähig gemacht werden. Auch die Leugnung der nationalsozialistischen Judenvernichtung oder die vielleicht noch widerwärtigere Idee, Juden hätten den sogenannten Holocaust selbst geplant, geht zurück auf in den *Protokollen der Weisen von Zion* geprägte Denkmuster.

Der „Dolchstoß" und die Folgen — Verschwörungstheorien zwischen den Kriegen und im Nationalsozialismus

In Krisenzeiten haben Verschwörungstheorien Hochkonjunktur. Für die Niederlage im Ersten Weltkrieg werden Sündenböcke gesucht. Viele sehen die Freimauer oder Sozialdemokraten am Werk. Als Meister der verschwörungstheoretischen Schuldzuweisung erweisen sich die Nationalsozialisten.

Die Freimaurer waren in der Zwischenkriegszeit erneutes Ziel verschwörungstheoretischer Propaganda, auch wenn sie beileibe nicht so viel Hass und Angst auf sich zogen wie die Juden. Die Niederlage im Ersten Weltkrieg bewirkte nicht zuletzt auch den Zusammenbruch der großen mitteleuropäischen Monarchien. Im November 1918 musste der deutsche Kaiser Wilhelm II. seinem Thron entsagen, und auch der Monarch von Österreich-Ungarn, Kaiser Karl, verzichtete „auf jeden Anteil an den Staatsgeschäften" und verließ das Land für immer. Das Deutsche Reich musste in der Folge unter anderem große Gebiete abtreten, die Doppelmonarchie Österreich-Ungarn wurde zerschlagen.

Zunächst waren es im Ersten Weltkrieg noch die hergebrachten katholischen Vorbehalte, die zur Folge hatten, dass viele bei den Freimaurern die Ursache für das Übel der Zeit sahen. In den angesehenen *Historisch-politischen Blättern für das katholische Deutschland* wurde 1915 behauptet, die Freimaurer stünden hinter dem Ersten Weltkrieg. Eine führende Figur war hier der Jesuitenpater Hermann Gruber, der eine lang andauernde Verschwörung gegen „Thron und Altar" behauptete. Bei diesen Ideen handelte es sich nicht nur um abseitige Gedanken religiöser Fanatiker. Noch 1918 formulierte Thomas Mann, später ein engagierter Verteidiger der Demokratie, in den *Betrachtungen eines Unpolitischen* den Glauben, die Freimaurer hätten eine Rolle „bei der geistigen Vorbereitung und wirklichen Entfesselung des Weltkriegs der 'Zivilisation' gegen Deutschland gespielt". Auch die Russische Revolution wurde teilweise als Werk der Freimaurer in Zusammenarbeit mit den Juden gesehen. Ironischerweise wurde diese Verbindung auch in der durch die Revolution entstandene Sowjetunion behauptet, wo die Auffassung popularisiert wurde, bei den Freimaurern handle es sich um Anbeter des Davidsterns.

Der wahre Auslöser des Ersten Weltkriegs war die Ermordung des kaiserlichen und königlichen (kurz: k.u.k.) Thronfolgerpaars in Sarajevo am 28. Juni 1914 durch den serbischen Geheimbund *Crna ruka* (sk. Schwarze Hand). Spätestens für 1918 sind allerdings Ideen nachzuweisen, bei den eigentlichen Drahtziehern der Ermordung handle es sich um die Freimaurer. Ein unter dem Pseudonym Professor Pharos auftretender Autor gab in dem Buch „Der Prozess gegen die Attentäter von Sarajewo" die angebliche Mitschrift eines Verhörs wieder, in dem behauptet wird, die freimaurerische Loge *Großorient von Frankreich* habe das Attentat in Auftrag gegeben. Hinter dem Pseudonym des angeblichen Gelehrten steckte vermutlich ein Jesuit: Anton Puntigam veröffentlichte die gefälschten Gerichtsakten, um eine aus seiner Sicht zweckmäßige Begründung für den Zusammenbruch der eng mit dem Katholizismus verbundenen Donaumonarchie und des „germanischen Staates" zu liefern. Die Freimaurerei, angeblich „unversöhnliche Hasserin des Christentum", wurde auch in anderen Schriften der Verschwörung gegen die „Bollwerke der Monarchie" bezichtigt. So wurde ihr etwa in einem 1915 anonym erschienenen Beitrag in den *Historisch-politischen Blättern für das katholische Deutschland* unterstellt, sie drehe das „Rad der Weltgeschichte":

„Die Loge ist die eigentliche und tiefste Ursache des entsetzlichen Blutbades, sie ist die Anstifterin des furchtbarsten Weltbrandes, den die Menschheit je gesehen. Die Loge hat den Völkerkrieg entfacht, weil sie die Stunde für gekommen hielt, ihr Doppelziel zu verwirklichen und das neue, von Thronen und Altären befreite Zeitalter heraufzuführen."

Wenngleich die Verhörprotokolle der Attentäter von Sarajevo 1930 als Fälschung entlarvt wurden, wird auch heute noch in verschwörungstheoretischen Kreisen mitunter auf sie verwiesen.

Freimaurer als heimliche Anstifter? Das Attentat von Sarajevo löste den Ersten Weltkrieg aus

Antifreimaurerische Polemik in den 1920er Jahren

Das sicher einflussreichste freimaurerfeindliche Werk dieser Jahre schrieb der österreichische deutschnationale Politiker Friedrich Wichtl. In dem 1919 erschienenen Buch *Weltfreimaurerei – Weltrevolution – Weltrepublik* identifizierte er, wie viele andere Antisemiten mit ihm, die Freimaurerei und das Judentum als Schuldige an dem verlorenen Krieg. Die Freimaurerei sah er wie andere Völkische auch als treibende Kraft hinter den Revolutionen und dem verlorenen Ersten Weltkrieg. Wichtl behauptete, die Juden lenkten die Freimaurerlogen, und entwarf damit die These der „jüdisch-freimaurerischen

Weltverschwörung". Der einflussreiche antisemitische Schriftsteller Houston Stewart Chamberlain formulierte es so: „Der Freimaurer ist ein künstlicher Jude." Mitunter wurde in diesen Vorstellungen der Freimaurer zum Hauptverschwörer, mitunter war er, als Werkzeug der Juden, nur ein naiver Nebenverschwörer, der den eigentlichen Hintermännern zu Willen war.

Die Schuld für seine Lage als abgedankter Monarch im Exil fand auch der ehemalige Kaiser Wilhelm II. bei der Geheimgesellschaft und bei den Juden: Den deutschen Freimaurern unterstellte er, im Verein mit ihren Logenbrüdern aus anderen Staaten Europas den Kampf gegen die europäischen Monarchien geführt zu haben. Zahlreiche abstoßende Zitate des letzten Kaisers über die Juden sind überliefert. Bereits am 2. Dezember 1919 äußerte er sich auf einer Briefpostkarte an den Generalfeldmarschall August von Mackensen: „Die tiefste und gemeinste Schande, die je ein Volk in der Geschichte fertiggebracht, die Deutschen haben sie verübt an sich selbst. Angehetzt und verführt durch den ihnen verhassten Stamm Juda, der Gastrecht bei ihnen genoss. Das war sein Dank! Kein Deutscher vergesse das je, und ruhe nicht[,] bis diese Schmarotzer vom Deutschen [sic] Boden vertilgt und ausgerottet sind! Dieser Giftpilz am Deutschen Eichbaum!" Viele ähnliche Zitate belegen, dass Wilhelm II. zumindest in der Radikalität der Gedanken, die er äußerte, den Nationalsozialisten in nichts nachstand. Einem Freund gegenüber soll Wilhelm zum Beispiel 1927 geäußert haben, Juden und Mücken sollten ausgerottet werden: „Ich glaube das Beste wäre Gas!"

Einen Zusammenhang von Freimaurerlogen, Judentum und Großkapitalismus sah auch Karl Heise in seinem Buch *Entente – Freimaurerei und Weltkrieg*. Ähnliche Thesen verfocht 1920 übrigens auch der spätere britische Premierminister Winston Churchill. Es handelte sich hier also keineswegs bloß um esoterische Ideen merkwürdiger Außenseiter. Eine traurige Ironie dieses Sachverhaltes liegt darin, dass Churchill – die insgesamt vermutlich entscheidende Figur im Krieg gegen die nationalsozialistischen Verschwörungstheoretiker – zu Beginn seiner politischen Laufbahn selbst verschwörungstheoretischen Ideen zuneigte.

Theoretikergemeinschaft

Die Verschwörungsunterstellungen gegen die Freimaurer erfuhren 1927 einen neuen Höhepunkt, als Erich Ludendorff sein Buch *Vernichtung der Freimaurerei durch Enthüllung ihrer Geheimnisse* veröffentlichte, das in hohen Auflagen antifreimaurerische Verschwörungstheorien verbreitete. Fast 200.000 Exemplare dieser Schrift wurden in den 1920er Jahren verbreitet. Auch wenn dieses Werk von der Kritik zumeist verrissen wurde, stellte es für die Freimauerei doch eine ernstzunehmende Bedrohung dar, denn der ehemalige Weltkriegsgeneral genoss in Teilen der Bevölkerung noch erhebliches Ansehen.

Künftige Kriegsverlierer: die Generäle
Paul von Hindenburg und Erich Ludendorff im Herbst 1916

Ludendorff, der als Chef des deutschen Generalstabs maßgeblichen Anteil an der deutschen Niederlage hatte, versuchte, die Verantwortung dafür auf Gruppen wie Freimaurer, Juden und auch Jesuiten abzuwälzen. Der „Volksverrat der Freimaurerei" war Gemeingut in völkischen Kreisen. Ludendorff sah als Geheimnis der Freimaurerei, dass es sich bei ihr um ein verkapptes Instrument der Juden handle, das den Zweck hätte, die Weltherrschaft zu erringen. Überall sah der abgehalfterte Weltkriegsgeneral das Wirken der Verschwörer, angefangen bei der jüdischen Bibel. Typisch für einen Verschwörungstheoretiker: Auch die Symbolik der Verschwörer schien ihm omnipräsent zu sein. Selbst das nationalistische Tannenbergdenkmal, das an einen deutschen Schlachtsieg im Ersten Weltkrieg erinnerte, sah er „mit seinen drei Säulen streng nach den Gesetzen der Kabbala", einer esoterisch-mystischen Richtung des Judentums, gestaltet. Den Freimaurern dichteten die Verschwörungstheoretiker nahezu übermenschliche Fähigkeiten an, die ihnen ermöglichten, unentdeckt ihre Verbrechen zu begehen oder diese im Nachhinein zu kaschieren. So unterstellte Mathilde Ludendorff, die ebenfalls verschwörungstheoretisch äußerst aktive Frau von Erich, die Juden hätten seit Jahrhunderten große Deutsche ermordet, um die nationale Identität zu schwächen.

Ihre abstrusen Ideen verbreiteten die Ludendorffs mit Hilfe des von ihnen kontrollierten völkischen „Tannenbergbunds". Da Hitler und die NSDAP Ludendorffs Ideen zum Teil ablehnten, richtete sich der Wahn des Weltkriegsveteranen auch gegen diese, denen er unterstellte, Teil der „überstaatlichen Mächte" zu sein.

Erstmals sahen sich jedoch in Folge der Ludendorffschen Kampagne die Freimaurer, die zu den Vorwürfen gegen sie zumeist vornehm schwiegen, zu einer Gegenkampagne genötigt. So erschienen etwa Werke von Eugen Lennhoff, der in Ludendorff eine Person sah, die „sich nun selbst mehr und mehr zur komischen Figur" degradierte. Diese Meinung scheint Kurt Tucholskys bekanntes Gedicht „Ludendorff oder der Verfolgungswahn" zu bestätigen, in dem der Satiriker die Angriffe des Generals auf Juden, Freimaurer, Jesuiten und den Papst verspottete: „Geh nach China! Und komm nie mehr wieder –! / Alles Unheil ist das Werk der Heeresbrüder."

Um bürgerliche Wähler nicht zu verschrecken, fuhr die NSDAP, die zuvor in den Chor miteingestimmt hatte, die antifreimaurerische Propaganda ab 1928 etwas zurück. Nach der „Machtergreifung" intensivierten die Nationalsozialisten ihre Propaganda allerdings wieder und nutzten antifreimaurerische Argumente zur Rechtfertigung des Terrors. Der Mord an General Schleicher während des „Röhm-Putsches" 1934 wurde unter anderem damit begründet, Schleicher habe Deutschland freimaurerisch machen wollen. Auch Zusammenhänge zwischen den Freimaurern und den Bolschewiken wurden hergestellt – eine ebenso abwegige Idee wie die aus dem 19. Jahrhundert stammende Vorstellung, die Freimaurer hätten sozialistische Ideen verfolgt. Antifreimaurerische Schriften erschienen in Millionen-Auflagen und dienten bis zum Schluss der NS-Propaganda. So wurde dem amerikanischen Präsidenten Franklin D. Roosevelt unterstellt, er sei ein „Hauptwerkzeug der jüdischen Freimaurerei". Die Nationalsozialisten unterstellten den Freimaurern auch, die in Spanien gegen die mit dem „Dritten Reich" verbündeten Falanghisten kämpfende Republik zu unterstützen. Bis 1935 wurden die Freimaurer zerschlagen, Mitglieder der Logen zum Teil ermordet. Nach dem Zweiten Weltkrieg fanden antifreimaurerische Ideen kaum mehr Verbreitung, zu sehr wurden sie mit dem Nationalsozialismus identifiziert. Mitunter jedoch begegnen einem ähnliche Vorurteile gegen die Freimaurer auch heute noch.

Dolchstoßlegende

Mangel an Material und Menschen sowie die militärischen und politischen Fehler der Führung waren es, die Deutschland die Niederlage im Ersten Weltkrieg brachten. Diese zeichnete sich spätestens im Herbst 1918 immer mehr ab. Ausgehend von Matrosen der deutschen Flotte, die sich angesichts der Niederlage weigerten, an einer möglichen Kommandofahrt Richtung Themsemündung teilzunehmen, brach im November 1918 die Revolution aus, die die Monarchie in allen Ländern des Deutschen Reiches hinwegfegte. Lange hatte die militärische Führung die drohende Niederlage vor der Politik geheim gehalten. Erst am 2. Oktober 1918 hatte die Oberste Heerleitung (OHL) sie vor den Führern der politischen Parteien eingeräumt. Auf das Volk wirkten die plötzlichen Nachrichten über die drohende Niederlage schockierend, denn die meisten wähnten das ja immer noch im Ausland stehende Heer kurz vor dem Sieg. Rasch verbreitete sich die Idee, das deutsche Heer sei „im Felde unbesiegt" – ein Mythos, der erheblich dazu beitrug, die Demokratie in der jungen Weimarer Republik zu untergraben.

Die nach Entlastung trachtende OHL griff das verschwörungstheoretische Raunen begierig auf: „Die deutsche Armee ist von hinten erdolcht worden", behauptete Paul von Hindenburg, der Oberbefehlshaber der deutschen Streitkräfte, vor einem Untersuchungsausschuss im Jahre 1919. Hindenburg und Ludendorff, der in das Wehklagen der sogenannten Dolchstoßlegende bereitwillig einstimmte, bezogen sich auf angebliche Aussagen eines britischen Generals. Der stritt diese Worte allerdings ab. Tatsächlich hatte die OHL selbst schon im September 1918 die politische Führung unter dem Kanzler Prinz Max von Baden unter Druck gesetzt, sie solle einen Waffenstillstand ersuchen.

Propagandalüge: Die Angst vor dem russischen Bolschewismus nutzten die Nationalsozialisten für ihre Hetze

Jüdische Oktoberrevolution?

Eine weitere Verschwörungstheorie, die in den 1920er Jahren nachhaltige Wirksamkeit entfaltete, war die Idee, hinter der Russischen Revolution sei die jüdische Weltverschwörung zu suchen. Wie die meisten Verschwörungstheorien bezieht sich auch der Mythos vom „Judaeo-Bolschewismus" in gewisser Weise auf ein reales Phänomen. Tatsächlich gehörten zu den Anführern des Oktoberumsturzes etliche Menschen jüdischer Abstammung: Der bekannteste unter ihnen war Lew Trotzki, der als Organisator der Roten Armee entscheidenden Anteil am Sieg der Bolschewiki im Bürgerkrieg, der auf die Oktoberrevolution folgte, hatte. Die russischen Gegner der Bolschewiki – häufig nicht besser als ihre massenmörderischen Feinde – nutzten die Idee des „Judaeo-Bolschewismus", um Propaganda gegen die Roten zu machen. Der in Russland latent starke Antisemitismus, der bereits vor dem Ersten Weltkrieg wiederholt zu Pogromen geführt hatte, war ein fruchtbarer Boden für das Wachstum dieser Idee.

Angehörige der unterlegenen ‚weißen' zaristischen Armee brachten die Vorstellung des „Judaeo-Bolschewismus", die sie unter anderem auch in den *Protokollen der Weisen von Zion* belegt sahen, nach Mittel- und Westeuropa. Besonders in Deutschland entfaltete die Idee ihre Wirkung. Eng verbunden ist der Erfolg dieser These mit der Russischen Revolution und ihren Folgen. Noch während des russischen Bürgerkriegs zwischen 1918 und 1920 hatte diese Verschwörungstheorie als Begründung für Judenpogrome gedient, denen im südlichen Russland mutmaßlich über 100.000 Menschen zum Opfer gefallen waren. Tatsächlich waren zwar viele Kommunisten jüdischer Abkunft. Sie bekämpften das Judentum jedoch ebenso wie jede andere Religion. Die Idee, die Bolschewiki hätten lediglich christliche Gotteshäuser zerstört, ist nachweislich falsch. Auch Synagogen wurden Ziel der kämpferischen, dem Roten Stern folgenden Atheisten.

Unter anderem übernahm auch Adolf Hitler die Propagandalüge des „Judaeo-Bolschewismus", was einige Historiker dazu brachte, in der Vernichtung des europäischen Judentums eine ungewollte Folge der Russischen Revolution zu sehen. Damit wird die Bedeutung der historischen Fakten allerdings sicherlich überdehnt. Die angebliche jüdische Weltverschwörung spiegelte sich in für den Nationalsozialismus zentralen Begriffen wie „Weltjudentum", „Internationales Judentum", „Goldene Internationale" oder „Alljuda" wider. Bei den Nationalsozialisten fielen diese Ideen mit einer Vorstellung zusammen, die sich seit dem 19. Jahrhundert entwickelt hatte. Juden, so diese Idee, seien „Bazillenträger", „Blutegel" oder „Maden", die vom deutschen „Volkskörper" schmarotzten. In seiner programmatischen Schrift *Mein Kampf* brachte Hitler angebliche jüdische Pläne zur „Herrschaft über die Völker" in sehr engen Zusammenhang mit der Idee, „hebräische Volksverderber" unter Giftgas zu halten. Die Verschwörungstheorie als Rechtfertigung für hochtechnisierten Massenmord, wie er später dann in Auschwitz und an anderen Orten geschah, zu nutzen – hier deutet sich dieses Muster bereits an. Neben Hitler war es in den frühen Jahren der nationalsozialistischen Bewegung Alfred Rosenberg, der die Idee jüdischer Weltherrschaftspläne propagierte. Rosenberg wird bis heute immer wieder als Chefideologe der Nationalsozialisten etikettiert. Diese Bezeichnung ist nicht ganz zutreffend, denn Chefideologe war seit der Veröffentlichung von *Mein Kampf* stets Adolf Hitler. Doch zweifellos trug Rosenberg als fanatischer Judenhasser und Publizist etlicher judenfeindlicher Veröffentlichungen vieles dazu bei, um die antisemitischen Verschwörungstheorien zu befeuern. Veröffentlichungen

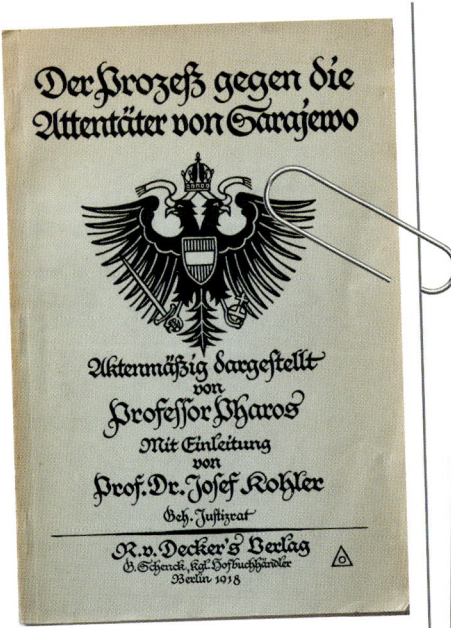

Fingiertes Dokument: Eine Fälschung „bewies" die Schuld der Freimaurer am Tod des österreichischen Thronfolgerpaares

wie *Die Spur der Juden im Wandel der Zeiten* (1920), *Unmoral im Talmud* (1920), *Das Verbrechen der Freimaurerei* (1921) und auch *Die Protokolle der Weisen von Zion und die jüdische Weltpolitik* (1923) nährten die Angst vor der angeblichen jüdischen Weltgefahr. Rosenberg verband – darin unterschied er sich vom ausschließlich biologistisch argumentierenden Hitler – Motive eines religiösen und eines rassistisch motivierten Judenhasses.

Das wichtigste antisemitische Hetzblatt war der seit 1923 von Julius Streicher herausgegebene *Stürmer*, der unter anderem auch Geschichten angeblicher, von Juden begangener Ritualmorde oder Sexualverbrechen verbreitete. Auch nachdem Streicher in den 1930er Jahren wegen Korruption in Ungnade gefallen war, konnte er seine judenfeindliche Hetze fortsetzen. Noch vor dem Nürnberger Kriegsgericht zeigte er sich als unbelehrbarer Judenhasser. Als Begründung für seine Haltung führte er Martin Luthers feindselige Aussagen über die Juden an.

Christlicher Judenhass

Auch in den christlichen Kirchen grassierten in den 1920er Jahren antisemitische Verschwörungstheorien. Unstrittig ist in der Forschung, dass die deutschen Protestanten, die maßgeblich zum Wahlerfolg der Nationalsozialisten beitrugen, stark antisemitisch geprägt waren. Und auch die Katholiken in Deutschland – ebenso wie die in Österreich, Polen oder Italien – hatten eine ausgeprägte Abneigung gegen Juden, die sich nicht selten mit Verschwörungstheorien paarte. So sah der Linzer Bischof Johannes Maria Gföllner das „entartete Judentum im Bunde mit der Weltfreimaurerei [als] Träger des […] Kapitalismus und […] Apostel des Sozialismus und Kommunismus, der Vorboten des Bolschewismus". Dennoch wies er, wie die offizielle Kirche auch, die Ablehnung der Juden aufgrund ihrer Herkunft, den rassistischen Antisemitismus also, als „unmenschlich und antichristlich" zurück. Die Haltung der katholischen Kirche zu antisemitischen Verschwörungstheorien war also im besten Falle mehrdeutig. Jedenfalls förderten die bei sehr vielen Christen ausgeprägten Vorbehalte gegen Juden ohne Zweifel die Bereitschaft, an antisemitische Verschwörungstheorien zu glauben.

Der Reichstagsbrand

Die nationalsozialistische Herrschaft war von Beginn an durch das perfide Ausnutzen angeblicher Verschwörungen gekennzeichnet. In der Nacht vom 27. auf den 28. Februar 1933, einen knappen Monat nach der sogenannten „Machtergreifung", brannte der Berliner Reichstag. Noch am Tatort wurde der Holländer Marinus van der Lubbe als Täter dingfest gemacht und festgenommen. Zwar reagierten die Nationalsozialisten zunächst ungläubig. Goebbels hielt den Brand, wie er in seinem Tagebuch festhielt, aber „für eine tolle Phantasiemeldung". Dennoch erfassten die Nationalsozialisten, inspiriert vielleicht vom Ungeheuerlichen des Brandes dieses deutschen Symbolgebäudes, blitzschnell die Möglichkeiten, die ihnen der Anlass bot. Bald schon leiteten sie umfangreiche Verfolgungen in die Wege. „Es gibt jetzt kein Erbarmen; wer sich uns in den Weg stellt, wird niedergemacht. Das deutsche Volk wird für Milde kein Verständnis haben. Jeder kommunistische Funktionär wird erschossen, wo er angetroffen wird. Die kommunistischen Abgeordneten müssen noch in dieser Nacht aufgehängt werden", so gibt der damalige Gestapo-Chef Rudolf Diels die Reaktion Hitlers am Brandort wieder.

Der Reichstagsbrand als Komplott der Kommunisten – diese Verschwörungstheorie diente den Nationalsozialisten dazu, den greisen Reichspräsidenten Hindenburg dazu zu bestimmen, die „Verordnung zum Schutz von Volk und Staat" zu erlassen. Die sogenannte „Reichstagsbrandverordnung" setzte praktisch alle wichtigen Grundrechte der Weimarer Verfassung außer Kraft, darunter auch Meinungs-, Presse-, Vereins- und Versammlungsfreiheit. Unter dem Schein der Legalität wurden auch das Brief- und Fernmeldegeheimnis sowie die Unverletzlichkeit der Wohnung suspendiert. Die Rollkommandos der SA nahmen Tausende Oppositionelle fest, vor allem Kommunisten. Wilde Konzentrationslager wurden errichtet, in denen SA-Leute ihren sadistischen Rachedurst für scheinbar erlittenes Unrecht der „Kampfzeit" stillten. Auch wenn das Reichsgericht in Leipzig die Verschwörungstheorie verwarf und die angeblichen kommunistischen Hintermänner freisprach, trugen der Reichstagsbrand und die unter diesem Vorwand erlassene Verordnung zur weiteren „Gleichschaltung" der Staatsgewalt bei. Die erfundene Verschwörung diente einmal mehr der tatsächlichen.

Terroranlass: der Reichstag nach dem Brand im Februar 1933

„Röhm-Putsch"

Hitler nutzte Verschwörungstheorien auch, um innerparteiliche Miss-
liebigkeiten zu eliminieren. Nach der „Machtergreifung" wuchs innerhalb der SA, der Wunsch, der politischen Revolution des Jahres

1933 solle nun eine „zweite Revolution" folgen. Diese würde vor allem auch das Verhältnis von Reichswehr und SA zugunsten der letzteren neu regeln. Die Homosexualität von Ernst Röhm, dem Stabschef der SA, und seine angeblichen Putschpläne nahm Hitler zum Anlass, in einer „Nacht der langen Messer" vom 30. Juni auf den 1. Juli 1934 die SA-Führerschaft zu ermorden. Die Geheime Staatspolizei (Gestapo) und die SS exekutierten mit Hilfe der Reichswehr etwa 200 Menschen. Dabei kamen nicht nur SA-Leute ums Leben. Die Nationalsozialisten nutzten die Aktion außerdem, um konservative Regimekritiker zu ermorden und um sich an früheren Gegnern wie dem ehemaligen Staatskommissar Gustav Ritter von Kahr, der 1923 den Hitler-Ludendorff-Putsch niedergeschlagen hatte, zu rächen. Auch der ehemalige Reichskanzler Kurt von Schleicher fiel der Mordnacht zum Opfer. Durch die Teilnahme am Komplott sicherte sich die Reichswehr ihren Status im Land, korrumpierte sich aber moralisch. Der seinerzeit bedeutsamste Staatsrechtslehrer Carl Schmitt sicherte die Morde in einem Artikel mit dem Titel „Der Führer schützt das Recht" juristisch ab.

Nationalsozialistischer Antisemitismus und Vernichtungsstaat

Die grundlegende und wichtigste Verschwörungstheorie der Nationalsozialisten war jedoch die Idee, alles Unglück, das die Deutschen erlitten, sei auf jüdische Machenschaften zurückzuführen. Anders als die christliche Judenfeindschaft des Mittelalters und übrigens auch als die Anschauung, die die *Protokolle der Weisen von Zion* vermitteln, gingen die Nationalsozialisten von einer biologisch bedingten Andersartigkeit der Juden aus. Sie hingen also einem rassistischen Judenhass an und folgten damit Autoren wie Eugen Dühring, der in seinem 1880 erschienenen Buch *Die Judenfrage* bereits vor „Mischehen" gewarnt und etwa die „Entjudung der Presse" gefordert hatte. Wirkmächtig war in diesem Zusammenhang vor allem auch das von Theodor Fritsch verfasste *Handbuch der Judenfrage*. Den Juden wurde biologistisch unterstellt, sie seien „Schmarotzer" und „Schädlinge" am deutschen „Volkskörper" – eine Bildsprache, die auch Adolf Hitler in seiner Programmschrift *Mein Kampf* aufnahm. Sebastian Haffner fasste die mörderische Konsequenz von Hitlers „Weltanschauung" zusammen: „Man darf ihnen auch keinen Ausweg lassen. Wenn sie ihre Religion ablegen, bedeutet das gar nichts, da sie ja keine Religionsgemeinschaft sind, sondern eine Rasse".

In Umkehrung der tatsächlichen Wirklichkeit wurde den Juden immer wieder unterstellt, sie hätten den Deutschen den Krieg erklärt. Mit dieser Anschuldigung begründeten die Nationalsozialisten den Boykott jüdischer Läden am 1. April 1933 oder die Ausschreitungen und Ermordungen der sogenannten „Reichskristallnacht" am 9. November 1938. Auch die systematische Entrechtung von Juden durch die Nürnberger Gesetze, die den Juden die Bürgerrechte entzogen oder Eheschließungen und geschlechtliche Beziehungen zwischen Juden und Nichtjuden als „Rassenschande" verboten, wurde mit angeblichen jüdischen Verschwörungen gegen Deutschland begründet. Dieser Logik folgend kündigte Hitler in einer Reichstagsrede am 31. Januar 1939 als Reaktion auf jüdische Verschwörungen auch die Verbrechen der kommenden Jahre an:

„Wenn es dem internationalen Finanzjudentum in und außerhalb Europas gelingen sollte, die Völker noch einmal in einen Krieg zu stürzen, dann wird das Ergebnis nicht die Bolschewisierung der Erde und damit der Sieg des Judentums sein, sondern die Vernichtung der jüdischen Rasse in Europa[.]"

Sowohl den Krieg als auch die Vernichtungslager sagte Hitler in dieser Rede voraus und rechtfertigte sie sogleich, indem er seine eigenen unmenschlichen Pläne als Folge des Handelns seiner Opfer darstellt. Tief grub sich die Idee vom angeblichen „jüdischen Krieg" in das Bewusstsein der Nationalsozialisten ein. Victor Klemperer, der große Analytiker und Kritiker der LTI, der *Lingua Tertii Imperii* (lat. Sprache des Dritten Reichs), beschreibt ein Verhör, dem er bei der Gestapo unterworfen war, folgendermaßen:

„Ich habe die Türklinke schon in der Hand, da ruft er mich zurück: 'Jetzt wird zu Haus für den jüdischen Sieg gebetet, nicht? – Glotz mich nicht so an, antworte auch gar nicht, ich weiß, dass du's tust. Es ist ja euer Krieg – was, du schüttelst mit dem Kopf? Mit wem führen wir denn Krieg? […] Mit dem Juden führen wir Krieg, der jüdische Krieg ist es.'"

Judenfeindliche Bilderflut

Ein verschwörungstheoretisches Großprojekt war die Ausstellung *Der ewige Jude*, die ab November 1937 im Deutschen Museum in München gezeigt wurde. Bereits das riesige Reklametransparent präsentierte das „Zerrbild eines bösartigen Juden […], ausgestattet mit den Attributen des Wucherers, einer Geißel und einer Weltkarte des Bolschewismus", so beschreibt es Wolfgang Benz. In einer ungeheuren „Materialschlacht" wurden die vermeintlichen Weltverschwörungspläne dargestellt – mit Verweis auf die angebliche enge Verbindung der Juden mit den Freimaurern.

Wie viele Verschwörungstheoretiker bis heute arbeiteten die Nationalsozialisten dabei mit wissenschaftlich anmutenden Statistiken, Dokumenten und Karten. Einzelne jüdische Stimmen, die sich als Reaktion auf den in Deutschland ausgeprägten Judenhass erhoben, wurden zu Kriegserklärungen des Judentums gegen Deutschland umgedeutet. Als Beispiel sei das Attentat des siebzehnjährigen Herschel Grynszpan auf einen deutschen Diplomaten in Paris genannt, das als Begründung des inszenierten Novemberpogroms 1938 diente. Noch im Untergang bestätigten sich Goebbels und Konsorten in der Idee der „Weltverschwörung einer parasitären Rasse". Im Januar 1945, kurz vor dem „Endsieg", beschrieb der Reichspropagandaminister die Juden noch als „Urheber des Unglücks der Welt".

Von Spinnen und Kraken

Auch andere Gruppen gerieten ins Visier der nationalsozialistischen Verschwörungstheoretiker. Zwar ist die aus diesem Denken resultierende Verfolgung von katholischen Geistlichen und Freimaurern nicht mit der Radikalität gleichzusetzen, mit der die Vernichtung der Juden betrieben wurde. Nichtsdestominder richtete sich der Zorn des Regimes auch gegen diese Gruppen. Die Freimaurer, hinter denen Hitler bekanntlich die Juden am Werke sah, wurden bis 1935 zerschlagen. Einige Logenmitglieder wurden ermordet.

Auch Aktionen gegen die katholische Kirche wurden mit Verschwörungstheorien begründet. Eine Broschüre von 1937 sah die *Katholische Aktion im Angriff auf Deutschland*. Das Titelbild zeigt eine Spinne mit Kreuz auf dem Rücken, die ihr Netz über das Deutsche Reich geworfen hat. Sie symbolisierte eine von Papst Pius XI.

1922 ins Leben gerufene Organisation, die der Mobilisierung von Laien dienen sollte. In Deutschland war diese Organisation jedoch – anders als die Nationalsozialisten suggerierten – schwach geblieben. Erich Klausener, der Leiter der Katholischen Aktion in Berlin, war bereits 1934 im Zuge des „Röhm-Putsches" ermordet worden.

Besonders auch gegen die abgeschottete Welt der Klöster richtete sich das Misstrauen des Regimes, ließen sich doch hinter Klostermauern dunkle Machenschaften vermuten. Mönche galten den Nationalsozialisten als „die beste und gefährlichste Kampftruppe des nach der politischen Weltmacht strebenden römischen Papsttums". Etwa ein Drittel der katholischen Geistlichen war in irgendeiner Weise von Repressionen des Regimes betroffen. Klöster und andere kirchliche Einrichtungen wurden während des „Klostersturms" 1941 in großem Umfang beschlagnahmt.

Getier wie die oben erwähnte Spinne diente der nationalsozialistischen Verschwörungspropaganda auch in anderen Fällen als Metapher. Im Krieg wurden Verschwörungstheorien gegen die USA oder England, das „perfide Albion", instrumentalisiert. In einem NS-Propagandabuch heißt es zum Beispiel:

„Wie eine Krake, ein vielarmiges Ozeanungeheuer streckt dieses Land seine Arme in alle Richtungen, greift es nach Inseln, Ländern und Völkern und erstickt sie in seiner Umarmung. Hinter diesem Ungeheuer aber erscheint das groteske Gesicht des Ewigen Juden, der in ihm nur einen Wegbereiter der Erfüllung seiner alten, nie aufgegebenen Pläne einer Weltherrschaft sieht."

Kernglaube der Nazis jedoch, das geht auch aus diesem Zitat hervor, war die Idee, die Juden (oder vielmehr: „der Jude") stehe hinter dem Übel der Welt. Mit dem Ende des „Dritten Reiches" gingen die Verschwörungstheorien der Nationalsozialisten keineswegs unter. Im Gegenteil: Gerade in jüngster Zeit begründen Attentäter wie etwa der Mordschütze von Halle an der Saale ihre Aktionen mit verschwörungstheoretischem, antisemitischem Gedankengut.

Festung der Würdigen – Verschwörungstheorien in der Sowjetunion

Auch im Russland der Revolution gedeihen Verschwörungstheorien. Schauprozesse machen in der Sowjetunion Schuldige für Missstände aus. Brutal lässt der Diktator Josef Stalin echte und vermeintliche Feinde auf diese Weise aus dem Weg räumen.

In den totalitären Systemen des 20. Jahrhunderts wurden Verschwörungstheorien geradezu zum Leitmotiv der Herrschaftspraxis. Zweifelsohne hatten sich ihrer auch Machthaber früherer Jahrhunderte weidlich bedient. Philipp IV. hatte mit ihrer Hilfe Juden und Templer beraubt, Napoleon hatte sie genutzt, um die Jakobiner zu bekämpfen oder den Einmarsch in Russland zu begründen. Auch der Deutsche Kaiser Wilhelm II. war von antisemitischem Denken beeinflusst. Gleichwohl hatte dieses nicht als wesentliche Grundlage seiner Politik gedient.

Historische Fälschung: Sowjetdiktator Stalin strich den angeblichen Verschwörer Trotzki vom Bild der Revolutionszeit

Im Kommunismus war verschwörungstheoretisches Denken jedoch prägend für die bolschewistischen Revolutionäre, vor und nach dem Oktoberputsch. Ideologisch war es allerdings zumindest teilweise ein Fremdkörper geblieben, denn der Kommunismus ist zumindest prinzipiell auch ohne verschwörungstheoretische Anteile vorstellbar. Untrennbar verbunden mit der herrschenden Ideologie war das verschwörungstheoretische Denken nur im Nationalsozialismus. Dennoch wurde es in beiden totalitären Systemen als Richtlinie des Handelns etabliert. Viele Verbrechen wurden mit Verschwörungsunterstellungen begründet. Und selbst wenn die Vernichtung des europäischen Judentums keine unmittelbare Folge der Idee von der jüdischen Weltverschwörung war, so diente diese jedoch immerhin ihrer Begründung.

Von Beginn an bestimmten Verschwörungen und Verschwörungstheorien also die Ideologie, die das 20. Jahrhundert wohl am nachhaltigsten prägte: den Kommunismus. Viele grundlegende Werke zum Thema Verschwörungstheorien lassen den Kommunismus als Verbreiter verschwörungstheoretischen Denkens fast völlig unbeachtet. Doch vor allem im kommunistischen Russland prägten Verschwörungstheorien das politische Denken, das gesellschaftliche Leben und letztlich auch das Handeln der Staaten und ihrer Einwohner. Insbesondere gilt das für Russland mit seiner ausgeprägten Revolutionsgeschichte.

Verschwörungstheoretische Mentalitäten

In seinem 1873 erschienenen Roman *Die Dämonen* beschreibt der Schriftsteller Fjodor Dostojewski eine kleine, im Geheimen operierende Gruppe von revolutionären Verschwörern, die auch vor einem Mord nicht zurückschrecken, wenn es um das Erreichen ihrer Ziele geht. Dostojewski verarbeitete seinerzeit eine wahre Begebenheit: Frühkommunistische Revolutionäre um Sergei Netschajew, einen aktivistischen Studenten, hatten im November 1869 den „Abweichler" Iwanow, der die Position Netschajews in der Verschwörergruppe in Frage gestellt hatte, ermordet.

Von Anfang an prägte das verschwörerische Denken auch die radikale politische Gruppe der Bolschewiki. Diese bildeten den extremistischen Flügel der Sozialdemokratischen Arbeiterpartei Russlands um den Berufsrevolutionär Vladimir Uljanow. Unter dem konspirativen Pseudonym Lenin veröffentlichte Uljanow in seinem Münchener Exil die Broschüre *Was tun?*, in der er die Strategie der *Konspiratwnost* (russ. Verschwörung) als revolutionäres Prinzip festlegte. Verwirklichen sollte dieses Prinzip eine höchst disziplinierte und zentralistische Partei, die im Verborgenen den Umsturz vorbereitete. In diesem Sinne lebten die Anhänger Lenins unter konspirativen Bedingungen, sei es nun im Zarenreich selbst, oder in der deutschen, französischen, englischen oder Schweizer Emigration. Als „Festung, deren Tore nur dem Würdigen offenstehen", sah der spätere Diktator Josef Dschugaschwili, genannt Stalin, die Partei, für die er ein Leben im Untergrund auf sich nahm. Das Gefühl einer ständigen Bedrohung von außen traf bei den Revolutionären auf ein ausgeprägtes konspiratives Denken – die Verschwörung oder zumindest die Idee davon wurde zum Normalzustand.

Verschwörermentalität: Revolutionsführer Lenin im Untergrund, kurz vor dem Oktoberputsch

Gegen Konterrevolution und Sabotage

Eine Verschwörung war es, die die Bolschewiki an die Regierung brachte. Anders als die später in der Sowjetunion gleichsam zu Ikonen gewordenen Bilder vom Sturm auf den Winterpalast es suggerieren, gelangten die russischen Kommunisten im Oktober 1917 nicht durch einen Aufstand der Massen, sondern durch einen Putsch an die Macht. Sie verhafteten das Ministerkabinett der Provisorischen Regierung, die wenige Monate zuvor nach der liberalen Februarrevolution gegen die autokratische Regierung des Zaren ins Amt gekommen war.

Die Ereignisse der folgenden Jahre verstärkten das verschwörungstheoretische Denken bei den neuen Machthabern. Gegen innere und äußere Feinde setzten sie sich mit Hilfe blutiger Terrormaßnahmen durch. Die junge Sowjetunion – der erste kommunistische Staat der Welt – sah sich von allen Seiten bedroht: Besonders vor England, das als Mutterland des Imperialismus und des Kapitalismus galt, fürchteten sich die kommunistischen Machthaber. Die innenpolitischen Gegner sahen sie als vom Ausland gesteuert.

Bei weitem übertraf die Tscheka, die neugeschaffene Geheimpolizei, an Brutalität und Skrupellosigkeit ihre berüchtigte Vorgängerin, die zarische Ochrana. Von Anfang an ging sie gegen sogenannte „Volksfeinde" und „Suspekte" vor – potenzielle Verschwörer also, die das Regime schon in seinen ersten Verlautbarungen benannte. Bereits der Name der Geheimpolizei – Tscheka ist die Abkürzung für Allrussische Außerordentliche Kommission für den Kampf gegen Konterrevolution und Sabotage – signalisierte, dass das Regime überall mit feindlichen Verschwörungen rechnete.

Angebliche „Konterrevolution" und „Sabotage" drohten allenthalben. Politische Gegner urteilten die Bolschewiki daher ab: Der früheste Schauprozess – ein in der Folge weidlich ausgenutztes Instrument gegen angebliche Verschwörer – fand 1922 statt, noch zu Lebzeiten Lenins, der als ideologischer Verschwörungstheoretiker auch in dieser Hinsicht der Lehrmeister seiner Partei war. Innenpolitische Feinde etwa sah er als Werkzeuge „anglo-französischer Börsenmakler". Aufstände unzufriedener oder einfach nur hungernder Arbeiter und Bauern wurden vom Anführer der proletarischen Revolution als ausländisch gesteuert abgetan und blutig niedergeschlagen. Tatsächliche und vermeintliche Gegner der Sowjetmacht wurden ermordet oder kamen in Arbeits- und Konzentrationslager.

Gefälschte Geschichte: Den Sturm auf den Petrograder Winterpalast gab es nur als nachträgliche Inszenierung

Nach dem Tod Lenins 1924 setzte sich der Generalsekretär der Kommunistischen Partei, Josef Stalin, in mehrere Jahre dauernden Intrigen und offenen Kämpfen als alleiniger Machthaber durch. Bezeichnend ist, dass sich Stalin – ein erfahrener Untergrundkämpfer, der sich und die Partei in der Zeit vor der Revolution unter anderem mit Banküberfällen finanziert hatte – mit tatsächlich verschwörerischen Mitteln an die Macht brachte. Durch geschicktes Taktieren und wechselnde Bündnisse mit zunächst mächtiger scheinenden Genossen erarbeitete sich der Georgier eine unangefochtene Stellung. Einstmals einflussreiche Bolschewiki wie Lew Trotzki, Grigori Sinowjew oder Lew Kamenjew wurden zunächst aus der Machtzentrale und nach und nach aus der Partei gedrängt. Lew Trotzki, der Hauptorganisator der Roten Armee und als Kriegskommissar maßgeblich verantwortlich für den kommunistischen Sieg im Bürgerkrieg – und selbst äußerst brutal im Umgang mit politischen Gegnern – wurde als verschwörerischer Konterrevolutionär verfemt und ins Exil getrieben.

Sündenböcke für die Schwächen des Systems

Oderint dum metuant – sie mögen hassen, solange sie fürchten. Den Wahlspruch des römischen Kaisers Caligula beherzigte auch der sowjetische Gewaltherrscher Stalin. Schauprozesse wurden im stalinistischen Russland zum bevorzugten Mittel, um die Gesellschaft durch Einschüchterung zu disziplinieren. Dabei wurden den Angeklagten in der Regel Verschwörungen gegen die Sowjetmacht unterstellt. Die Opfer der Prozesse, tatsächliche oder zumeist vermeintliche Gegner des Regimes, wurden erschossen oder in Lager gebracht, wo ein langsamer, durch Zwangsarbeit provozierter Tod sie erwartete. Die Prozesse dienten dazu, Sündenböcke für Fehlentwicklungen und Krisen zu finden. Außerdem schüchterte das unbarmherzige Vorgehen der Schaugerichte mögliche Gegner ein.

Im März 1928 berichteten sowjetische Zeitungen über eine angebliche „konterrevolutionäre Verschwörung" sogenannter „bürgerlicher Spezialisten" in der Schachty-Region, einem Steinkohlerevier im Donezbecken. Dabei handelte es sich zumeist um Ingenieure und andere Wirtschaftsfachleute, die das Regime bislang für seine Aufbauarbeit benötigt hatte. In großem Stil wurde hier einer der wichtigsten Mythen der sowjetischen Propaganda verbreitet, der des Saboteurs, der in ausländischen Diensten steht. Dreiundfünfzig Angeklagten wurde der Prozess gemacht, elf von ihnen wurden zum Tode verurteilt und fünf hingerichtet. Auch in der Folge wurden immer wieder Führungskräfte der Wirtschaft auf verschwörungstheoretischer Grundlage verhaftet. Stalin kommentierte den Prozess folgendermaßen: „Wir haben Feinde im Innern. Wir haben äußere Feinde. Dies, Genossen, dürfen wir keinen Augenblick vergessen."

Tatsächlich bemühten sich die Genossen darum, die Sätze Stalins nicht aus dem Gedächtnis zu verlieren. Eine Reihe von Prozessen, die dazu dienten, Sündenböcke für Probleme bei der Einführung des Sozialismus in der Wirtschaft zu finden, richtete sich gegen alles und jeden: eine angebliche Verschwörergruppe von Bakteriologen, die eine Pferdeseuche verursacht hätte, oder eine im Geheimen operierende, 10.000 Mitglieder umfassende Bauernpartei oder die Menschewiki – konkurrierende, aber längst zerschlagene Sozialdemokraten, die der „Schädlingstätigkeit" beschuldigt wurden. Die Partei suchte und fand jeweils passende Schuldige für Missstände. In einem zeitgenössischen sowjetischen Pressebericht zu Problemen im Bahntransportwesen heißt es zum Beispiel: „Der Klassenfeind –

Weißgardisten und auch Kulaken – hat immer noch die Möglichkeit, sich bei der Eisenbahn auf ‚bescheidene‘, ‚unauffällige‘ Posten, wie zum Beispiel den eines Schmierers, einzuschleichen".

Dieser Prozess diente auch als Auftakt einer verstärkten staatlichen Bewirtschaftung der Industrie und der Kollektivierung der Landwirtschaft, nachdem die Kommunisten seit 1921 im Rahmen der sogenannten Neuen Ökonomischen Politik (NÖP) in begrenztem Maße marktwirtschaftliche Strukturen zugelassen hatten. Noch bevor diese Politik der radikalen Vergesellschaftung Millionen Todesopfer forderte, besonders in der Ukraine, regte sich innerparteiliche Kritik der sogenannten „rechten" Opposition um die Politiker Rykow und Bucharin. Um diese kaltzustellen, bewährte sich einmal mehr das Mittel der Verschwörungsunterstellung: Die Oppositionellen wurden der „Zusammenarbeit mit kapitalistischen Gruppen" und der „Komplizenschaft mit dem Trotzkismus" geziehen.

Zermürbt von der vorerst nur rufmörderischen Pressekampagne und innerhalb der Partei auf verlorenem Posten, übten Bucharin, Rykow und die anderen „Abweichler" auf einem Plenum des Zentralkomitees der Kommunistischen Partei im November 1929 erniedrigende Selbstkritik.

Superverschwörer? Hinter politischen Gegnern der Bolschewiken steckte in ihrem Denken ein Kapitalist

Der Funken Wahrheit im Scheunenbrand

Wenn das Verschwörungssyndrom so alt ist wie die Welt, wie Umberto Eco meint, so sind es natürlich auch reale Verschwörungen. Es gibt sie sowohl auf lokaler als auch auf globaler Ebene. Versuche des Kommunismus und des Nationalsozialismus oder heute des Islamismus, die Weltherrschaft zu erringen, lassen sich durchaus als realexistierende Verschwörungen beschreiben. Häufig gibt es realistische Anteile von Verschwörungstheorien, ein Fünkchen Wahrheit also in manchen Unterstellungen: Geheimbünde wie die Freimaurer sprechen tatsächlich von „Geheimnissen" und stellen sich teilweise (freilich unbegründet) als Nachfolger der legendären Templer dar.

Selbstverständlich lassen sich amerikanischen Geheimdiensten etliche Verfehlungen oder kriminelle Aktionen nachweisen. Diesen Umstand hat zuletzt Edward Snowden bewiesen. Das bedeutet jedoch nicht, dass sie für jedes Verbrechen der jüngeren Geschichte verantwortlich gemacht werden können. Den russischen Kommunisten wurde nachgesagt, Teil der jüdischen Weltverschwörung zu sein. Der Funken Realität an dieser Theorie ist, dass tatsächlich viele Menschen, die als Juden geboren waren, eine wichtige Rolle in der frühen Sowjetunion spielten – denken wir etwa an Lew Trotzki, Grigori Sinowjew, Lew Kamenjew, Karl Radek und viele andere mehr. Sie hatten freilich dem Judentum schon lange abgeschworen und bekämpften es so radikal wie die anderen Religionen auch. Genauso ließe sich unterstellen, es handle sich bei der Russischen Revolution um eine christliche Verschwörung – denn die meisten Revolutionäre waren schließlich getauft. Viele Revolutionäre stammten aus dem Baltikum: Niemand geht jedoch aufgrund dessen von einem baltischen Komplott aus.

Letztlich bringen Verschwörungstheorien ein erkenntnisphilosophisches Problem mit sich. Treffend heißt es in einem geläufigen Bonmot, nur weil jemand Paranoiker sei, bedeute das nicht, dass er nicht verfolgt werde. Verschwörungstheorien sind mitunter das Produkt eines kritischen Bewusstseins, das im demokratischen Verfassungsstaat eigentlich erwünscht, ja systemrelevant ist. Wenn Kritik jedoch in pauschales Misstrauen umschlägt, droht sie, destruktiv zu werden.

Vorbild Hitler

Wechseln wir für einen Augenblick den Ort. Unter Hinweis auf eine angebliche Verschwörung ließ Adolf Hitler im Sommer 1934 während des sogenannten „Röhm-Putschs" innerparteiliche und andere Kritiker ermorden – ein Vorgehen, das Stalin, der sich bislang noch nicht zur physischen Vernichtung innerparteilicher Gegner entschlossen hatte, imponierte. Anders als das nationalsozialistische Deutschland war die Sowjetunion allerdings kein Führerstaat in dem Sinne, dass Stalin keine Argumente für seine Terrormaßnahmen benötigt hätte. Das Mittel der Wahl, das ihm zu Gebote stand, war es also, Verschwörungen zu behaupten – durch „klassenfremde und klassenfeindliche Elemente", „Doppelzüngler", „entartete" Personen oder „Karrieristen". Hinzu kamen „parteifeindliche Gruppen" wie Trotzkisten, „demokratische Zentralisten", „Arbeiteropposition", „rechte Abweichler", „rechtslinke Missgeburten", „Feinde" und viele weitere „Schädlinge". Als der Leningrader Parteichef, der einflussreiche Kommunist Sergei Kirow, am 1. Dezember 1934 Opfer eines Mordanschlags durch den gescheiterten Kommunisten Leonid Nikolajew wurde, nutzte Stalin das zu einem in neuer Weise brutalen Angriff auf innerparteiliche Gegner.

Eine Welle des Massenterrors überrollte nun die Sowjetunion. Angebliche „Verschwörer", die in der neuen stalinistischen Diktion mehr und mehr von „Volksfeinden" zu „Klassenfeinden" mutierten, fielen den Schergen des Geheimdienstes zum Opfer. Die Hintergründe des Mordes an Kirow wurden übrigens bis heute nicht aufgeklärt – eine Parallele zu anderen Verbrechen im 20. Jahrhundert, die zu Verschwörungstheorien inspirierten, wie etwa der Mord am amerikanischen Präsidenten John F. Kennedy knapp dreißig Jahre später: Unter dubiosen Umständen fiel Kirows Leibwächter auf dem Weg zum Verhör einem Unfall zum Opfer. Seine Bewacher, zwei Mitglieder des Geheimdienstes, wurden bald darauf erschossen. Angeblich – so sagte später der Fahrer des Wagens aus – hatte ein weiterer Mann vom Geheimdienst ins Steuer gegriffen, um einen Unfall zu provozieren.

War also Stalin selbst der Auftraggeber des Mordes an Kirow, der belegtermaßen bei den kommunistischen Funktionären beliebter war als der Generalsekretär selbst? Vermutlich ermordete Nikolajew den Leningrader Parteichef schlicht aus Eifersucht – denn Kirow hatte ein Verhältnis mit Nikolajews Frau, der kommunistischen Funktionärin Milda Draude. Diese hatte allerdings nicht lange die Gelegenheit, um ihren Liebhaber und ihren rasch hingerichteten Mann zu trauern – sie wurde noch im selben Monat erschossen.

Ein furchtbarer Jurist

Stalin nahm den Mord zum Anlass, seine ehemaligen parteiinternen Gegner, die einstmals einflussreichen Funktionäre Sinowjew und Kamenjew, zu liquidieren. Der neue Generalstaatsanwalt Andrei Wyschinski bereitete einen Schauprozess vor, in dem nichts dem Zufall überlassen war. Die Angeklagten im Prozess gegen das „Trotzkistisch-sinowjewistische terroristische Zentrum" – eine pure verschwörungstheoretische Fiktion – wurden anderthalb Jahre lang auf das Ereignis vorbereitet: Folter, Desorientierung durch Fehlinformationen, Geiselnahme der Angehörigen (einschließlich der Kinder) – das waren die Mittel, mit denen Sinowjew und Kamenjew dazu gezwungen wurden, sich der Verschwörung zum Mord an Kirow schuldig zu bekennen. Im Festsaal des einstigen Moskauer Adelsklubs entfaltete Wyschinski seine bluttriefende Rhetorik gegen die einstigen Führer des Weltproletariats, die er als „Häuflein von Verrätern und Abenteurern, Möpse und Kläffer" denunzierte.

Ersonnene Feinde: Ein sowjetisches Plakat zeigt den Diktator Stalin als Bollwerk gegen den Papst, einen Kapitalisten und Sozialdemokraten

Wyschinski entwarf eine – wenn man so will – phantasievolle Welt der Konspiration: Die angeblichen Verschwörer benutzten eine Geheimsprache, erkannten sich bei geheimen Treffen in der Nähe des Zoologischen Gartens in Berlin an bestimmten Ausgaben des *Berliner Tageblatts* und des sozialdemokratischen *Vorwärts*. Sie verabredeten sich in Privatwohnungen und verübten mehrere erfolglose Attentate auf führende Bolschewiken, wechselten ihre Identitäten und warfen ein Netz von Verschwörungen über die Welt – angeblich operierten sie in Moskau, Kopenhagen, Prag und Berlin. Soweit die Phantasie des Generalstaatsanwalts. Vielleicht war dem freilich schon zuvor in verschiedenen Schauprozessen erfahrenen Wyschinski beinahe ein wenig unwohl angesichts seiner ausgedachten Anklagen, denn er fragte angesichts des reibungslos erfolgten Geständnisses von Sinowjew und Kamenjew, denen Stalin persönlich versprochen hatte, die Todesstrafe zu ersparen:

„Ist das alles vielleicht ausgedacht, eine Erfindung, ein unverantwortliches Geschwätz von Angeklagten, die bestrebt sind, gegen andere möglichst viel auszusagen, um ihr endgültiges Schicksal zu erleichtern? Nein! Das ist keine Erfindung, keine Phantasie? Das ist die Wahrheit!"

Sein Plädoyer schloss er mit der Forderung, diese „toll gewordenen Hunde allesamt" zu erschießen. Das geschah wenige Stunden nach dem Richterspruch tatsächlich. Neben Kamenjew und Sinowjew fanden vierzehn weitere angebliche Verschwörer den Tod.

Etwa ein halbes Jahr später, im Januar 1937, fand der zweite große Schauprozess gegen ehemalige Funktionäre, wie zum Beispiel den aus einer österreichisch-jüdischen Familie stammenden Karl Radek, einen ehemaligen Mitkämpfer Lenins, statt. Wyschinski wirkt in der Rückschau wie besessen von den Verschwörungen, die er der „Horde von Banditen, Räubern, Dokumentenfälschern, Diversanten, Spitzeln [und] Mördern" unterstellte. Der zu einem Besuch in Moskau weilende deutsch-jüdische Exilschriftsteller Lion Feuchtwanger behauptete, die Angeklagten hätten ihre erpressten Aussagen „mit dem Ton, der Miene, dem Gestus der Wahrheit" getätigt – tatsächlich spulten sie ihre Geständnisse wohl geschäftsmäßig ab, weil sie wussten, dass ihre Aussage am Ausgang des Verfahrens ohnehin nichts ändern würde.

Das Ende des „Lieblings der Partei"

Im März 1938 dann fand ein dritter großer Schauprozess statt – Hauptangeklagter war Nikolai Bucharin, einstmals ein enger Mitarbeiter Lenins und bekannt als „Liebling der Partei". Bucharins Schicksal war aus mehreren Gründen besonders bewegend. Genau kannte er, wie er es nannte, „Stalins krankhaftes Misstrauen", das jeden in einen „Verräter" oder „Spion" verwandeln konnte. Obgleich er wusste, dass er vom Tode bedroht war, kehrte er nach einem Paris-Aufenthalt in die Sowjetunion zurück – wohl in der freilich eitlen Hoffnung, er könne seine Familie so vor Repressionen bewahren. Auch Bucharin gab die Anschuldigungen zu, tat dies aber rhetorisch versiert in so allgemeiner Form, dass die Wahrheit hinter seinem Geständnis hervorlugte. Der Prozess gegen ihn bildete den Höhepunkt des verschwörungstheoretischen Denkens und Handelns der Stalinzeit. Alle zuvor angeblich aufgedeckten Verschwörungen wurden in diesem Prozess miteinander zu einer Superverschwörung verknüpft.

Auch wenn Bucharin in einem erniedrigenden Brief noch versuchte, an das Mitleid seines einstigen Kampfgefährten Stalin zu appellieren, damit dieser ihn leben lasse, änderte das nichts am Todesurteil gegen den einstigen „Liebling der Partei". Bucharin wurde am 13. März 1938 zum Tode verurteilt und unmittelbar danach erschossen.

Viele weitere angebliche Verschwörungen wurden „aufgedeckt" – unter anderem bezichtigte die Staatsspitze die wichtigsten Angehörigen der Roten Armee einer militärischen Intrige. Über 35.000 Offiziere wurden zwischen Mai 1937 und September 1938 verhaftet, aus der Armee entlassen oder ermordet – eine verhängnisvolle Hypothek für das sowjetische Militär am Vorabend des Zweiten Weltkriegs.

Die Atmosphäre des verschwörungstheoretischen Denkens prägte die sowjetische Gesellschaft der Jahre des „Großen Terrors" 1936 bis 1938, dem unzählige Menschen zum Opfer fielen. Selbst Lion Feuchtwanger, dessen sowjetische Reiseleiter bemüht waren, die Schokoladenseite der Diktatur der Werktätigen zu zeigen, beschrieb in seinem bewusst beschönigenden Reisebericht die Stimmung so, dass die Realität zwangsläufig erkennbar wurde:

„Allmählich aber ist in der Bevölkerung eine richtige Schädlingspsychose entstanden. Man hat sich angewöhnt, alles, was schiefgeht, mit Sabotage zu erklären, während sicherlich ein großer Teil der Mängel schlicht und einfach auf Unfähigkeit zurückzuführen ist."

Bestärkt durch das Aufdecken von „Verschwörungen" seitens niederer Ränge, die ihrerseits bemüht waren, Listen von vermeintlichen „Verrätern" zu erstellen, glaubten Stalin und seine Spießgesellen vermutlich wirklich an das Gespenst, das sie selbst heraufbeschworen hatten. Hinzu kam, dass Stalin selbst das Verschwören, das Lügen und Betrügen ins Blut übergegangen war und er diese Eigenschaften vermutlich auch seinen Gegnern unterstellte. Vermutlich fiel es Stalin in der von ihm geschaffenen Atmosphäre des allgemeinen Misstrauens selbst schwer, zwischen Verschwörungstheorie und Wirklichkeit zu unterscheiden.

Die Hauptverschwörerfigur war dabei Stalins Konkurrent Lew Trotzki – bis zu seiner Ermordung 1940 im mexikanischen Exil. Perfide wirkt vor allem die Propaganda gegen den einstigen Organisator des Bürgerkriegs: Ihm und seinen angeblichen Mitverschwörern wie Sinowjew, Kamenjew und Radek wurde unterstellt, mit den Nationalsozialisten im Bunde zu stehen, obwohl sie alle aus jüdischen Familien stammten – wenngleich sie der Religion ihrer Mütter als kommunistische Atheisten freilich längst abgeschworen hatten.

Die Sowjetunion war und blieb ein Staat, der bis zu seinem Untergang 1990 auf Verschwörungstheorien und anderen Mythen gründete – ein Erbe, mit dem die sowjetischen Nachfolgestaaten bis heute zu kämpfen haben. Die aktuelle russische Politik versucht nach wie vor, Nutzen aus den klaren Freund-Feind-Schemata zu ziehen, die das verschwörungstheoretische Denken mit sich bringt. Die regierungsnahe Denkfabrik Isborsker Klub verbreitet eine neue nationale Ideologie, zu der auch die Rede von der angeblichen „fünften Kolonne" gehört, die angeblich stärker sei als zu Stalins Zeiten. Zur „fünften Kolonne" zählen vor allem Leute, die mit Ideen des aus Sicht nationaler Ideologen verweichlichten und dekadenten Westens sympathisieren.

Von Käfern und Kraken – Verschwörungstheorien im Kalten Krieg

Haben die Kommunisten insgeheim die Vereinigten Staaten von Amerika unterwandert? Oder versuchen die Amis mit Hilfe von Kartoffelkäfern, die wirtschaftlichen Grundlagen der DDR zu vernichten? Wurde US-Präsident Kennedy von den eigenen Leuten aus dem Weg geräumt? Auch im Kalten Krieg wird mit heißen Theorien ordentlich Stimmung gemacht.

Bereits seit der kommunistischen Machtübernahme in Russland im Jahr 1917 gab es in den USA starke, vor allem konservative politische Kräfte, die sich dem Kommunismus entgegenstemmten. In den 1950er Jahren fand diese Auseinandersetzung ihren Höhepunkt. Im Kalten Krieg zwischen den ehemals verbündeten Siegermächten des Zweiten Weltkriegs – der Sowjetunion auf der einen und der von den USA angeführten Koalition der westlichen Staaten auf der anderen Seite – bildeten Spionage und Propaganda einen wesentlichen Teil der Auseinandersetzung. Ein sowjetisches Spionagenetz, das auch Institutionen der Regierung betraf, entstand bereits in den 1920er Jahren. Die amerikanischen Geheimdienste deckten dieses Netz in den 1940er Jahren größtenteils auf. Unter anderem wurden im Zuge dessen die Eheleute Julius und Ethel Rosenberg, die das Geheimnis der Atombombe an die Sowjetunion weitergegeben hatten, als Spione entlarvt und 1951 zum Tode verurteilt. Fälle wie dieser, die in Filmen, Comics und anderen populären Medien aufbereitet wurden, steigerten die nicht unbegründete Furcht vor dem Kommunismus in der Bevölkerung. Als *Red Scare* (engl. Rote Angst) ging die Furcht von den Kommunisten in die amerikanische Geschichte ein.

Zugleich feuerten Erfolge des ideologischen Gegners die Besorgnis in Politik und Bevölkerung an: Dazu zählten der erste erfolgreiche sowjetische Atomwaffentest 1949, der kommunistische Sieg in China und militärische Erfolge der „Roten" in Korea. Die Regierung des Präsidenten Harry S. Truman entschloss sich zu umfangreichen Gegenmaßnahmen: In diesem politischen Klima begann die Kommunistenjagd, die federführend der republikanische Senator Joseph McCarthy aus Wisconsin vorantrieb, der Vorsitzende des *Ausschusses des Repräsentantenhauses gegen unamerikanische Umtriebe*. Seine Befragungen von Verdächtigen waren von Diffamierung und Einschüchterung gekennzeichnet. Unter Regierungsangestellten und Intellektuellen entstand in dieser Zeit eine Atmosphäre, die von Angst und Verunsicherung geprägt war. Zehntausende wurden in den späten 1940er und frühen 1950er Jahren befragt, zahlreiche Personen verließen das Land. Bertolt Brecht verließ die USA im Oktober 1947, Hanns Eisler wurde 1948 zur Ausreise genötigt.

Tatsächlich gab es umfassende kommunistische Versuche der Einflussnahme: Die Verschwörungstheorie liegt hier also im unrea-listischen Umfang des Komplotts, den McCarthy und die seinen unterstellten, und in der Annahme, jeder Sympathisant des Kommunismus arbeite auch automatisch für Moskau. Mit seiner klaren Konfrontation der Blöcke, fehlenden Gesprächskanälen zwischen Ost und West und ausgeprägten Feindbildern auf beiden Seiten des „Eisernen Vorhangs" bot der Kalte Krieg günstige Voraussetzungen für wirksame verschwörungstheoretische Propaganda.

Joseph McCarthy behauptete Anfang der 1950er Jahre, hunderte Kommunisten hätten das US-Außenministerium unterwandert. In seinem Buch *The Fight for America* (engl. Der Kampf für Amerika) legte er diese Verschwörungstheorie lang und breit dar. Schwarze Listen mit Namen von Schauspielern, Musikern und Journalisten kursierten. In aggressiven Verhören veranstaltete der Senator – metaphorisch gesprochen – eine Hexenjagd. Der *Ausschuss für unamerikanische Umtriebe* befragte 1947 die sogenannten „Hollywood-Ten" – Personen aus der Filmindustrie, die angeblich oder tatsächlich mit dem Kommunismus sympathisierten. Als Motivation für seine Tätigkeit führte McCarthy ein regelrechtes Erweckungserlebnis an:

„Bevor ich Jim Forrestal [den US-Marineminister] traf, dachte ich, dass wir wegen der Unfähigkeit und Dummheit unserer Planer gegen den internationalen Kommunismus verlieren würden. Dies erwähnte ich gegenüber Forrestal. Seine Antwort werde ich nie vergessen. Er sagte: 'McCarthy, Beständigkeit ist noch nie ein Zeichen von Dummheit gewesen. Wenn sie einfach bloß dumm wären, würden sie gelegentlich einen Fehler zu unseren Gunsten begehen.' Dieser Satz hat mich so sehr beeindruckt, dass ich ihn seitdem selbst oft benutzt habe."

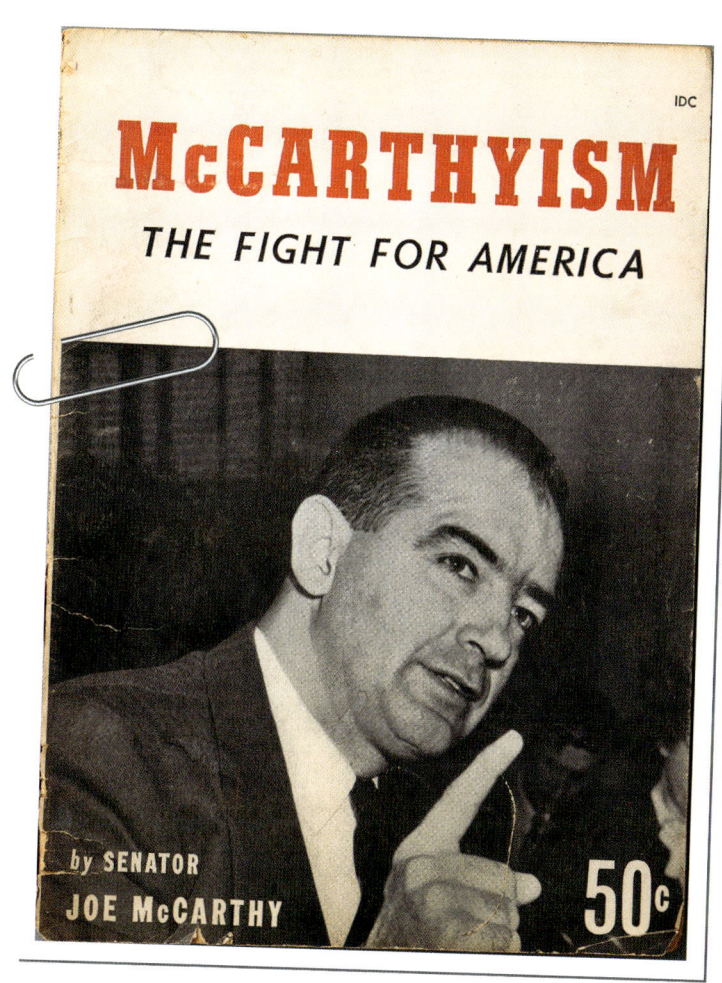

IDC

McCARTHYISM
THE FIGHT FOR AMERICA

by SENATOR
JOE McCARTHY

50c

Kampf für Amerika? Senator McCarthy behauptete,
Agenten Moskaus hätten das US-Außenministerium durchsetzt

McCarthys Hexenjagd auf tatsächliche und vermeintliche Kommunisten vergiftete das politische Klima. Als „Kommunisten" gebrandmarkte Künstler oder Journalisten bekamen auch berufliche Schwierigkeiten, die existenzgefährdend werden konnten. Tatsächlich erreichte McCarthy mit seiner unüberlegten, rüden Kommunistenhatz vermutlich das Gegenteil von dem, was er wollte. Die Angst, sonst als Anhänger von McCarthy zu gelten, drängte viele liberale Politiker stattdessen in das Lager der Sowjetunion.

"Antikommunismus" in der Bundesrepublik Deutschland

In der Bundesrepublik Deutschland, dem Frontstaat im Kalten Krieg, wurde die kommunistische Bedrohung besonders deutlich empfunden. Deren maßlose Überschätzung trug auch hier verschwörungstheoretische Züge. Problematisch war vor allem, dass die Angst vor der „kommunistischen Weltverschwörung" an Elemente des nationalsozialistischen Antibolschewismus anknüpfte. Dennoch: Kommunistische Versuche zur Destabilisierung der Bundesrepublik Deutschland blieben nicht ohne Erfolg, auch wenn sie nicht den Zusammenbruch des Systems im Westen bewirkten. Viele kommunistische Verschwörungen, etwa Operationen der DDR-Staatssicherheit auf dem Gebiet der Bundesrepublik, blieben bis heute unaufgeklärt. Nach dem Zusammenbruch der kommunistischen Diktatur erregten vor allem Morde der DDR-Staatssicherheit an Flüchtlingen aus der DDR, die im Westen Schutz gesucht hatten, Aufsehen. So starb zum Beispiel der Fußballer Lutz Eigendorf 1983 in einem mutmaßlich von der Stasi provozierten Verkehrsunfall.

Antiwestliche Theorien im Kommunismus

Während sich Verschwörungstheorien im Westen nahezu naturwüchsig entwickelten und vor allem auch stets mit anderen gesellschaftlichen Deutungsmustern im Wettstreit standen, war die Verschwörungstheorie im sowjetisch dominierten Teil der Welt und damit auch in der DDR das vorgegebene Interpretationsschema für gesellschaftliche Probleme. Übel aller Art wurden von der Regierung mit dem Einfluss der Amerikaner und ihrer Agenten erklärt.

Die Regierung der Bundesrepublik Deutschland etwa wurde als bloße Marionettenregierung der Amerikaner beschrieben. Wirtschaftliche Misserfolge wurden ebenfalls den USA zugeschrieben: So wurde eine Schädlingsplage 1950 damit erklärt, die Amerikaner würfen nachts Kartoffelkäfer über dem Gebiet der DDR ab. Kinderbücher und Plakate hetzten gegen die sogenannten „Ami-Käfer", die als Teil der „Kriegspläne der Imperialisten" gedeutet wurden. Interessanterweise knüpften die Kommunisten in der DDR damit an nationalsozialistische Propaganda aus dem Zweiten Weltkrieg an: Hier waren es allerdings angeblich die Briten, die nachts Kartoffelkäfer über deutschen Äckern abwarfen.

Am 17. Juni 1953 entwickelte sich aus einem Streik von Bauarbeitern in der Ost-Berliner Stalinallee ein Arbeiteraufstand mit Streiks und Demonstrationen an 500 Orten in der DDR. Die Arbeiter wehrten sich damit massenhaft gegen die von der DDR-Führung vorgenommene Erhöhung der Arbeitsnormen. Da das Regime selbst nicht in der Lage war, die Situation in den Griff zu bekommen, schlugen sowjetische Truppen den Aufstand blutig nieder. Das Zentralkomitee der SED deutete den Volksaufstand als von westlichen Geheimdiensten gelenkten „faschistischen Putsch".

Einmal mehr waren die Juden auch im kommunistisch dominierten Teil der Welt das Opfer von Verschwörungsunterstellungen. Als sich der junge, 1948 gegründete Staat Israel, anders als von Josef Stalin gehofft, nicht dem sozialistischen Lager zuwandte, entfachte der sowjetische Staats- und Parteichef eine Antizionismus-Kampagne, die sich nicht allein gegen den Staat Israel, sondern auch gegen Juden in der Sowjetunion richtete. In mehreren Satellitenstaaten kam es zu Schauprozessen gegen angebliche „Agenten einer zionistisch-trotzkistischen-titoistischen Verschwörung".

Bis zum Tode Stalins prägte das verschwörungstheoretische Denken die sowjetische Politik auf bedrohliche Weise. Kurz vor dem Tod des Diktators wurde eine erfundene Verschwörung jüdischer Ärzte „entlarvt" – Gewaltaktionen gegen das sowjetische Judentum standen im Raum. Letztlich verhinderte Stalins Tod am 5. März 1953 Schlimmeres.

Die Traditionslinie des linken Antisemitismus, der häufig als Israelkritik verkleidet daherkommt, beginnt in der Zeit des Spätstalinismus. Auch dem SED-Regime galten Juden als suspekt. Jüdische Parteimitglieder erhielten als potenziell kosmopolitische Verschwörer den Eintrag „Jude" in ihre Kaderakte. Wirksam war der Antisemitismus vor allem auch bei vielen deutschen 68ern und in der Politik der terroristischen Roten Armee Fraktion (RAF). Nicht zuletzt zielte der RAF-Terror immer wieder auf Juden und jüdische Einrichtungen.

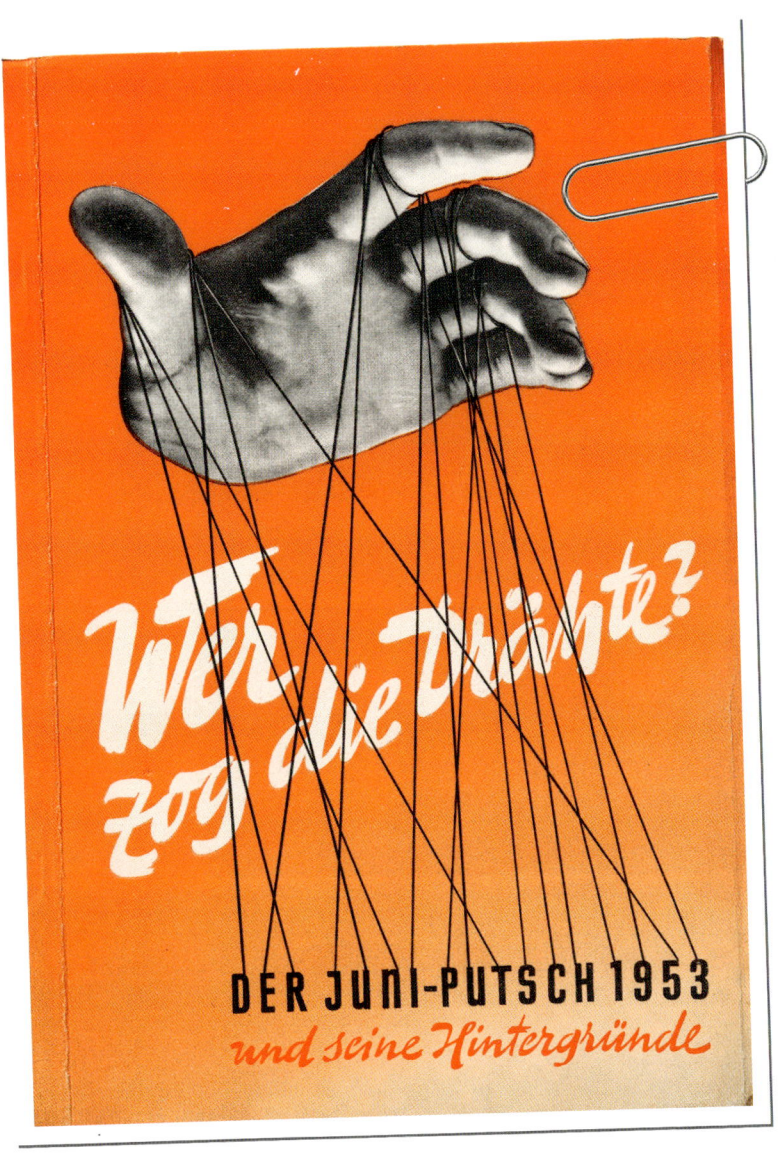

Vom Ausland gesteuert? Der Aufstand des
17. Juni in der DDR-Propaganda

Mord übelster Art

Bis zu den Anschlägen des 11. September waren die Erzählungen zum Mord an John F. Kennedy im November 1963 wohl die am weitesten verbreiteten Verschwörungstheorien der modernen amerikanischen Geschichte. Die sogenannte Skeptiker-Bewegung war nun nicht mehr im Rahmen der traditionellen politischen Strukturen tätig. Viele waren mutmaßlich vom Misstrauen geprägt, das „Washington" auch im Zuge der McCarthy-Ära ungewollt gestreut hatte.

Mythenbildung: Die Ermordung von John F. Kennedy war Ausgangspunkt zahlloser Verschwörungstheorien

Am 22. November 1963 wurde Präsident John F. Kennedy bei einer Fahrt im offenen Wagen durch Dallas von zwei Gewehrschüssen getötet. Kurz nach der Tat verhaftete die Polizei Lee Harvey Oswald, einen Linksextremisten mit Verbindungen in die Sowjetunion. Zwei Tage später wiederum wurde dieser von dem Nachtclubbesitzer Jack Ruby getötet, der ungehindert das Polizeigebäude hatte betreten können. Unmittelbar nach dem Geschehen wurde die sogenannte Warren-Kommission eingesetzt, die den Tathergang untersuchen sollte. Sie kam zu der Auffassung, dass es sich bei Oswald um einen Einzeltäter handelte. Ein späterer Untersuchungsausschuss des Repräsentantenhauses wiederum ging von mehreren Tätern aus. Andere Untersuchungen tendierten erneut zur Urheberschaft eines Einzeltäters.

Im Mordfall Kennedy erlebten die Amerikaner das Ungleichgewicht zwischen dem Mord am mächtigsten Menschen der Erde und dem gesellschaftlichen Außenseiter Lee Harvey Oswald – eine kaum auszuhaltende Diskrepanz der Protagonisten, die sich vielleicht nur durch eine Verschwörungstheorie austarieren ließ. Laut Meinungsumfragen waren 1963 zwei Drittel der Amerikaner der Auffassung, dass hinter dem Attentat eine Verschwörung steckte. 1991 waren es noch 56 Prozent. Populär ist bis heute die Idee, dass Oswald lediglich ein „Sündenbock" war und die eigentliche Verschwörung von offizieller Seite vertuscht wurde. Etliche Umstände rund um die Tat werten Verschwörungstheoretiker als Indiz für die angebliche Verstrickung der Regierung in den Mord. So gilt zum Beispiel als Indiz, dass Dutzende Zeugen der Tat über die Jahrzehnte hinweg eines unnatürlichen Todes starben – freilich erfreuen sich viele andere Zeugen bis heute guter Gesundheit.

Mittlerweile gibt es durchaus auch ein wirtschaftliches Interesse daran, die Verschwörungstheorien zur Ermordung Kennedys lebendig zu halten. Für Dallas haben sie eine hohe ökonomische Bedeutung: Der Schauplatz des Mordes wird Jahr für Jahr von ca. sechs Millionen Schaulustigen besichtigt; etliche touristische Angebote wie Themenführungen und sogar ein Museum widmen sich den Verschwörungstheorien zum Attentat. Artefakte, die eine Rolle bei der Ermordung spielten, werden für viel Geld angeboten: Die Waffe etwa, mit der Oswald erschossen wurde, wurde für 200.000 Dollar verkauft. Außerdem wurde der Mord an Kennedy ein wichtiger Teil der amerikanischen Populärkultur. Das jüngste und vermutlich herausragendste Beispiel dafür ist Bob Dylans im Frühjahr

2020 erschienene rätselhafte Ballade *Murder Most Foul* (engl. Mord übelster Art), in der Dylan die Pop-Musik des 20. Jahrhunderts mit biblischen Geschichten verknüpft. Unter anderem sieht ein Protagonist der Ballade mit dem Mord an Kennedy auch die Herrschaft des Antichrists beginnen.

Die Ermordung Kennedys ist ein gutes Beispiel dafür, auf welche Weise Verschwörungstheoretiker widersprüchliche Fakten in ihre Deutungsmuster einbeziehen. Maßgeblich am Entstehen der Verschwörungstheorien war der Staatsanwalt Jim Garrison aus New Orleans beteiligt. Er sah hinter dem Mord ein Komplott der CIA und versuchte nachzuweisen, dass die Einzeltät<hese nicht zutraf. Garrisons Theorie hatte allerdings vor Gericht keinen Bestand. Der Assistent von Garrison äußerte sich über dessen Arbeit folgendermaßen: „Meistens ordnet man die Fakten und zieht dann die Schlußfolgerungen. Doch Garrison zog eine Folgerung und ordnete anschließend die Fakten. Und wenn die Fakten nicht paßten, pflegte er zu sagen, daß sie von der CIA verändert worden seien."

Häufig wird nicht beachtet, dass es sich bei Lee Harvey Oswald um einen bekennenden Kommunisten und Linksextremen handelte; Oswald hatte die amerikanische Staatsbürgerschaft aufgegeben, eine Zeitlang in der Sowjetunion gelebt und der Gruppe *Fair Play for Cuba Committee* angehört, die die kommunistische Diktatur auf der Insel unterstützte. Außerdem hatte er bereits ein erfolgloses Attentat auf den rechts orientierten General Edwin Walker verübt. Verschwörungstheorien zu Oswald lenkten von diesem Umstand ab. Dabei spielten Aktivisten wie Jim Garrison oder Autoren wie Edward Epstein und Mark Lane, der mit seinem 1966 erschienenen Bestseller *Rush to Judgement* die Grundlage für die folgenden Verschwörungstheorien lieferte, wichtige Rollen.

Insgesamt bildeten sich zwei unterschiedliche Richtungen in den Verschwörungstheorien um den Kennedy-Mord heraus: Die einen machten aus Oswald einen verkappten Rechten, der sich nur als Linker ausgab und eigentlich vom amerikanischen Geheimdienst gesteuert wurde. Die andere Richtung machte Oswald zu einem winzigen Rädchen in einem gigantischen Verschwörergebilde. In ihren Ausführungen zum Thema wenden die Autoren unterschiedliche Methoden an. Die einen, wie zum Beispiel der Journalist Edward Epstein, behaupten, lediglich die offizielle Version anzuzweifeln. Dies ist eine gängige Herangehensweise von Verschwörungstheoretikern, die auch in aktuellen Verschwörungstheorien zum 11. September oder zur Corona-Pandemie zu finden ist. Fragen, die gestellt wurden, waren vor allem die nach der Zahl der Waffen, die tatsächlich geschossen haben, nach der Zahl der abgegebenen Schüsse und ihrer Flugbahnen. Bis zu dreißig Komplizen wurden dabei als Mitattentäter vermutet. Die andere verschwörungstheoretische Schule, der zum Beispiel Jim Garrison angehörte, versuchte erfolglos, eine große Verschwörung verschiedener Akteure wie der CIA, des FBI und anderer Bösewichte nachzuweisen.

Die CIA gilt zum Beispiel als verdächtig, weil Kennedy sie angeblich hatte auflösen wollen. Andere Verdächtige waren kubanische Castro-Gegner, die Kennedy die Schweinebucht-Invasion – den

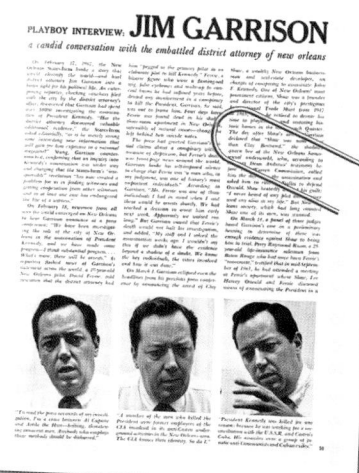

Überzeugungstäter? Der Staatsanwalt Jim Garrison machte geheime Drahtzieher für das Attentat auf Kennedy verantwortlich

gescheiterten Versuch, die kubanische Revolutionsregierung durch Exilanten zu stürzen – zum Vorwurf machten. Auch die Mafia wird als Drahtzieherin vermutet: Angeblich wollte sie Robert Kennedys Angriff auf das organisierte Verbrechen beenden. Ein Motiv des FBI wurde darin gesehen, dass dessen Chef Edgar Hoover befürchtete, von Kennedy in den Ruhestand versetzt zu werden. Vize-Präsident Lyndon B. Johnson könnte in das Attentat verwickelt gewesen sein, weil er befürchten musste, dass Kennedy ihn bei den nächsten Wahlen 1964 nicht mehr als Kandidat für die Vize-Präsidentschaft nominieren würde. Kennedys Haltung in der Bürgerrechtsfrage könnte als Motiv für den Ku-Klux-Klan oder andere weiße Rassisten gedient haben. Lediglich die Person, die Kennedy (vermutlich) tatsächlich ermordete, geriet damit aus dem Blick, nämlich Lee Harvey Oswald selbst.

Versäumnisse und Pannen

Freilich ist einzuräumen: Bei der Aufklärung des Mordes gab es tatsächlich viele Pannen, Versäumnisse und Ungereimtheiten. Dazu kam die Figur Kennedys, der zu einer Art Heilsgestalt stilisiert wurde. Diese Verbrämung geht auch auf seine Witwe zurück, die ihren Mann mit König Artus und seine Regierung mit dessen märchenhafter Tafelrunde in Camelot verglich. Zu Fehlern und Manipulationen im Bericht über das Attentat kam es unter anderem, weil das FBI durch eine schnelle Veröffentlichung Handlungsfähigkeit demonstrieren wollte. Zudem befürchtete Präsident Lyndon B. Johnson, dass der Bericht Verbindungen des Attentäters nach Kuba oder gar in die Sowjetunion zu Tage bringen könnte. Er untersagte, entsprechende Spuren weiterzuverfolgen, weil er einen Dritten Weltkrieg befürchtete, sollte sich eine Verschwörung Moskaus hinter dem Attentat auftun. Ein vom Repräsentantenhaus 1976 eingesetzter Untersuchungsausschuss bestätigte den Bericht der Warren-Kommission, stellte jedoch auch die fehlerhafte Arbeit des FBI fest.

Die Verschwörungstheoretiker können auf merkwürdige Details verweisen. Auf dem Film, der von der Ermordung gedreht wurde, ist ein Mann zu sehen, der seinen Regenschirm öffnete. Verschwörungstheoretiker deuten diese Handlung als Signal für den Schützen. Die Erklärung, die der als „Regenschirmmann" identifizierte Louie Steven Witt gab, beruhigte die Skeptiker nicht: Er gab an, dass er Kennedy daran habe erinnern wollen, dass dessen Vater Joseph anfangs Sympathien für die Nationalsozialisten gehegt und den britischen Appeasement-Politiker Neville Chamberlain, dessen Markenzeichen ein Regenschirm war, unterstützt habe. Witt kommentierte die Verschwörungstheorien, die sich um ihn rankten, später so: „Wenn es im *Guinness Buch der Rekorde* eine Kategorie für Leute gibt, die das Falsche am falschen Ort zur falschen Zeit machen, bin ich die Nummer eins. Mit Riesenvorsprung."

Misstrauen löste außerdem eine im Herbst 1964 vorgenommene Verfügung von Präsident Johnson aus: Er gab die Anweisung, die Akten über den Fall für 75 Jahre zu sperren. Ein Gesetz des Kongresses 1992 legte die Veröffentlichung auf das Jahr 2017 fest. Bis heute wurden die Akten nicht komplett publiziert – ein Umstand, der weiteres Misstrauen auslöst. Dennoch bleiben die der offiziellen Version widersprechenden Deutungen zum Mord bis auf weiteres bloße Verschwörungstheorien, die sich nicht beweisen lassen. Solange keine plausible, von Indizien oder gar Beweisen unterfütterte Erklärung des Attentats vorgelegt wird, ist die Einzeltätherthese als am wahrscheinlichsten zu bewerten.

Nicht von dieser Welt – Verschwörer aus dem All

Ein faszinierender Ort für Verschwörungstheoretiker ist der Weltraum. Fand die Mondlandung wirklich statt? Experimentiert die amerikanische Regierung in der Area 51 an Außerirdischen herum? Beherrschen bösartige Reptiloide insgeheim den Planeten? Hat sich Hitler gar auf einer Reichsflugscheibe in Sicherheit gebracht? Diese und andere Fragen lassen sich – eventuell – gut beantworten.

Seit frühesten Zeiten verbinden Menschen den Weltraum mit Allmacht. Nicht umsonst tragen Jupiter, Saturn oder Merkur die Namen römischer Götter. Auch den Herrgott vermuten viele irgendwo im All. Der sowjetische Staats- und Parteichef Nikita Chruschtschow soll den Kosmonauten Juri Gagarin, den ersten Menschen im All, danach gefragt haben, ob er „ihn" gesehen habe.

Mit der Durchsetzung des naturwissenschaftlichen Weltbildes verschoben sich die Projektionen der Menschen zusehends von den geisterhaft unsichtbaren Wesen auf scheinbar in der realen Welt tätige Außerirdische, denen gleichwohl oft Fähigkeiten zugeschrieben werden, die die der Menschen übersteigen. Diese Wesen ähneln den zank- und machtsüchtigen Göttern der Antike, die sich – mitunter in Menschengestalt – unter uns mischten, um ihre Ränke zu spinnen.

Der Weltraum ist seit jeher Thema unzähliger Verschwörungstheorien

Verschwörungstheorien waren von Anfang an Teil des Nachdenkens über die Mächte aus dem Weltraum. Homer zum Beispiel schrieb den Ausbruch des Trojanischen Krieges einer Verschwörung der Götter zu. Auch die moderne Ufologie – diese Parawissenschaft erforscht die angeblichen Unbekannten oder Unidentifizierten Flugobjekte aus dem All – war von Anfang an verschwörungstheoretisch geprägt.

Sichtungen merkwürdiger Erscheinungen am Himmel gab es bereits in der Antike und im Mittelalter. Im 17. Jahrhundert spekulierten zahlreiche Gelehrte über mögliches Leben im All. Der frühaufklärerische Schriftsteller Cyrano de Bergerac zum Beispiel schrieb in den 1650er Jahren zwei Romane über Begegnungen mit Außerirdischen, die nach seinem Tod erschienen. Aber auch andere Autoren der Zeit formulierten – gegen den Willen der Kirche, die auf der Einzigartigkeit des irdischen Lebens bestand – Vorstellungen über außerirdische Lebensformen.

Massenwirksam wurden Ideen, nicht erklärbare Erscheinungen seien auf Außerirdische zurückzuführen, jedoch erst nach dem Zweiten Weltkrieg. Ufos waren allerdings schon in den 1930er Jahren Teil der Populärkultur: Denken wir etwa an Orson Welles' berühmtes Hörspiel *Krieg der Welten*, das 1938 angeblich eine Massenpanik auslöste, weil die Radiohörer von einer tatsächlichen Invasion durch Aliens ausgingen. In der neueren Forschung werden damalige Zeitungsberichte über diese Panik als erheblich übertrieben gewertet. Den Zeitungen soll daran gelegen gewesen sein, das neue Konkurrenzmedium Radio zu diskreditieren. Oder ist das eine weitere Verschwörungstheorie?

Landebahn für Grüne Männchen?

Der Kalte Krieg zwischen den Staaten des Westens und den Diktaturen des Ostblocks förderte auch das Entstehen von Verschwörungstheorien über Außerirdische. Seit Mitte der 1950er Jahre führte die US-Luftwaffe über einem geheim gehaltenen Gebiet in der Mojave-Wüste in Nevada, der sogenannten Area 51, Waffentests durch. Den US-Militärs ging es um die Entwicklung eines Aufklärungsflugzeuges, das in großen Höhen die Sowjetunion auskundschaften sollte, ohne von der russischen Flugabwehr geortet werden zu können. Piloten von anderen Flugzeugen sahen daraufhin etliche Kilometer über sich die neuen Flugzeuge vom Typ U-2 oder A-12 OXCART, die aufgrund der enormen Flughöhe von der Sonne noch angestrahlt wurden, wenn diese für die niedriger fliegenden schon untergegangen war. „Ihre silbernen Flügel reflektierten die Sonnenstrahlen und sahen für den Airline-Piloten sechs Kilometer weiter unten wie feurige Objekte aus", wie es in einem vor wenigen Jahren veröffentlichten Dokument des amerikanischen Geheimdienstes CIA heißt.

Nicht zuletzt die Geheimhaltungspolitik der amerikanischen Luftwaffe, die nach außen versuchte, die merkwürdigen Erscheinungen mit natürlichen Ursachen zu erklären, sorgte dafür, dass das Area 51 gleichsam zum „Heiligen Gral" von Verschwörungstheoretikern und zum Gegenstand der Pop-Kultur wurde. Zu den Legenden rund um das Gebiet gehört etwa die Idee, unterirdische Eisenbahntunnel verbänden es mit anderen geheimen Sperrgebieten in den Vereinigten Staaten. Tatsächlich testete die US-Luftwaffe hier über dem Groom Lake, einem ausgetrockneten Salzsee, Flugzeuge, die später zu ihren regulären Einheiten verlegt wurden. Von Deutschland und der Türkei aus hoben sie zu ihren Einsätzen ab. Erstmals am 20. Juni 1956 startete ein U-2-Flugzeug von der Bundesrepublik Deutschland aus zu einem Aufklärungsflug über Polen und die DDR.

Roswell

Die Legenden rund um die Area 51 stehen in einem engen Zusammenhang mit der angeblichen Sichtung einer „fliegenden Untertasse" nahe der Kleinstadt Roswell in New Mexico, die gute 1300 Kilometer entfernt vom Groom Lake liegt. Tatsächlich stürzte dort ein amerikanischer Spionageballon zur Beobachtung sowjetischer Atomtests ab. Von den Behörden wurde dies allerdings als Absturz eines Wetterballons erklärt. Der amerikanische Schriftsteller Charles Berlitz, der bereits mit einem Buch über das Bermudadreieck zweifelhafte Berühmtheit erlangt hatte, behauptete 1980, bei Roswell sei ein UFO abgestürzt. Berlitz und andere Verschwörungstheoretiker entwickelten die Idee, beim angeblichen Vertuschen dieses Absturzes handle es sich um den konspirativen Versuch, den Einfluss von Außerirdischen geheim zu halten. Es gebe, so die Annahme, gute und böse Aliens, die mit bestimmten, auserwählten Menschen auf der Erde, den „UFO-Sehenden", in Verbindung stünden und mit ihrer Hilfe um die Macht rängen. Die Regierungen wüssten um diesen

Einfluss und stünden sogar auf Seiten der bösen „Extraterrestrier" im Kampf gegen das Gute.

Häufig geht der UFO-Glauben einher mit einem rechtslastigen Weltbild: Eduard „Billy" Meier leitet das Schweizer „Semjase-Silver-Star-Center". Dieses ist laut Eigenauskunft der Website der „weltweite Hauptsitz der FIGU, der Freien Interessengemeinschaft für Grenz- und Geisteswissenschaften und Ufologiestudien". Meier nennt den Papst einen „Menschenversklaver, -folterer und -schänder" und hetzt darüber hinaus gegen Juden, denen er „Mord, Brandschatzung, Freundschaftsverrat und Intrigen" vorwirft.

Auf der Website der FIGU erhalten Meiers Anhänger Ratschläge. Glaubt man den Moderatoren der Foren von FIGU, nehmen die Kontaktpersonen dazu erhebliche Mühen auf sich. Auf die Frage eines Nutzers, ob der Papst wirklich an das glaube, was er predige, antwortet die Moderatorin, die Außerirdischen seien eigens in die Vergangenheit gereist, um herauszufinden, wie viele Päpste tatsächlich an Gott glaubten. Dabei stellten sie fest, dass das nur wenige getan hätten. Auf der Internetseite von FIGU liefern sich Billy Meier und seine Anhänger für Außenstehende kaum nachvollziehbare Dispute mit Konkurrenten: So wird ausdrücklich darauf hingewiesen, dass George Adamski, ein Ufologe der 1950er Jahre, ein Schwindler gewesen sei, der niemals Kontakt zu Aliens gehabt habe. Über das Echtheitszertifikat verfügen, wenn man so will, nur die Anhänger der FIGU.

Sichtungen und Aufnahmen von angeblichen „UFOs" schüren das Feuer um die Verschwörungstheorien über Außerirdische

Die Wewelsburg und die Schwarze Sonne

Die Landkarte der Verschwörungstheoretiker ist voll mit mythisch bedeutungsvollen Orten wie Roswell und der Area 51. Esoterische Verschwörungstheorien, in denen geheimnisvolle Flugobjekte eine Rolle spielen, ranken sich auch um die westfälische Wewelsburg. Ursprünglich wollte der Reichsführer SS, Heinrich Himmler, das Renaissance-Schloss zu einer gigantischen SS-Reichsführerschule, einer Kaderschmiede im angeblichen „sächsische[n] Kernland Germaniens" im Teutoburger Wald ausbauen. Das großangelegte, mit Hilfe von Konzentrationslagerhäftlingen seit 1939 vorangetriebene Projekt scheiterte jedoch angesichts der sich abzeichnenden Kriegsniederlage des „Dritten Reichs". Zwar ließ Himmler die Burg vor Kriegsende sprengen, der von Häftlingen ausgebaute Nordturm überdauerte diesen Gewaltakt jedoch.

In der Folge entstanden etliche verschwörungstheoretische Geschichten rund um die Wewelsburg. Ehemalige SS-Leute schilderten sie in unterschiedlichen Veröffentlichungen als „geistlich-spirituelles Hauptquartier der SS", die sie als „Geheimkonsistorium" beschrieben. In den 1950er Jahren legten sie damit die Grundlage für mystische Vorstellungen, die sich um das „SS-Kloster" rankten.

Besondere Beachtung in der phantastischen Literatur über die Wewelsburg fand ein Sonnenradmotiv, das Himmler in die ehemalige fürstbischöfliche Kapelle hatte einbauen lassen. Als „Schwarze Sonne" erschien sie in einem 1991 von Stephan Mögle-Stadel unter dem Pseudonym Russel McCloud herausgegebenen Thriller. Die „Schwarze Sonne", die vermutlich für Himmler und die SS überhaupt keine inhaltlich besondere Bedeutung hatte, wurde nun zum „Erkennungszeichen der politisch rechten Szene". Zugleich wurde die SS als geheimer Orden gedeutet, der um die Weltherrschaft kämpft. Sogar der Attentäter, der im neuseeländischen Christchurch Terroranschläge auf Moscheen verübte und Dutzende von Menschen ermordete, bezog sich auf die „Schwarze Sonne". Die Verschwörungstheorie wirkt also weltweit.

Die Annahme, dass die SS bis heute im Geheimen operiert, ist nicht die einzige Verschwörungstheorie in Verbindung zur Wewelsburg. Im sogenannten Wiener Zirkel, einem losen Zusammenschluss alter Nazis, spielte die Vril-Gesellschaft eine wichtige Rolle. Die Gesellschaft, deren Existenz überhaupt nicht belegt ist, verfügt dem Wiener Zirkel zufolge angeblich über kosmisches Wissen und geheime Kräfte, mit denen sie seit Beginn des 20. Jahrhunderts den Aufstieg der Nationalsozialisten gefördert habe.

Vril-Kräfte, so behauptet es der ehemalige österreichische SS-Mann Wilhelm Landig in seiner Romantrilogie, ermöglichten überlebenden SS-Leuten, sich auf „Reichsflugscheiben" an den Südpol zurückzuziehen, um von dort aus erneut um die Weltherrschaft zu kämpfen. Angeblich tragen die – vermutlich von den Berichten über „fliegende Untertassen" in den USA inspirierten – „Reichsflugscheiben" die „Schwarze Sonne" als Hoheitssymbol. In diesen Erzählungen finden sich auch andere Motive wieder, die häufig rund um das Ende des sogenannten „Dritten Reichs" auftauchen. So überlebte Adolf Hitler in der Ideenwelt des chilenischen Antisemiten Miguel Serrano den Krieg. Er hält sich bei den SS-Leuten in der am Südpol gelegenen SS-Basis Neuschwabenland auf, von wo aus er mit Hilfe der Reichsflugscheiben den Endkampf aufnehmen möchte. Initiationsort für die SS mit ihren Geheimkräften war in diesem Denken die Wewelsburg. Ähnliches propagiert der ungarische Schriftsteller Ladislao Szabó in seinem 1947 im argentinischen Exil erschienenen Buch *Hitler lebt*, in dem er von einem neuen „Berchtesgaden in der Antarktis" schwadroniert. Der reale Bezugspunkt dieser Ideen liegt in einer Expedition, die die Deutsche Antarktische Gesellschaft im Januar 1939 durchgeführt hatte, und in der Tatsache, dass 1945 zwei deutsche Unterseeboote in Argentinien festgesetzt worden waren: Hatten sie hochrangige Nationalsozialisten nach Neuschwabenland gebracht?

Schwarze Sonne: Das Sonnenrad-motiv aus der westfälischen Wewelsburg ist heute ein Symbol rechtsextremer Verschwörungstheoretiker

Schritte auf dem Mond und der Beweis des Schweigens

Einer weiteren Verschwörungstheorie, die das Weltall betrifft, liegt das Misstrauen gegenüber den staatlichen Institutionen in den USA zugrunde. Diese Skepsis wurde zumindest zum Teil auch durch die – in der Bedrohungssituation des Kalten Kriegs vermutlich notwendige – Desinformation rund um militärische Pläne gefördert. Im Mai 1961 kündigte der amerikanische Präsident John F. Kennedy an, innerhalb des kommenden Jahrzehnts einen Menschen auf den Mond schicken zu wollen. Mit seiner Rede vor dem Kongress reagierte Kennedy auf die Erfolge der Sowjets, des ideologischen und machtpolitischen Gegners im Kalten Krieg. Im Oktober 1957 hatten die Russen ihren Sputnik-Satelliten in die Umlaufbahn geschossen. Einen Monat vor der Rede Kennedys, im April 1961, hatten sie mit Juri Gagarin den ersten Menschen ins Weltall gebracht.

In der Nacht vom 20. auf den 21. Juli 1969 dann konnten die Menschen auf der ganzen Erde verfolgen, wie der amerikanische Astronaut Neil Armstrong seinen Fuß auf den Mond setzte. Bereits kurz nach dem Ereignis wurden Stimmen von Skeptikern laut. Der amerikanische Autor William Kaysing bezweifelte in seinem Buch *We Never Went to the Moon* (engl. Wir waren niemals auf dem Mond), dass es der zivilen Weltraumbehörde NASA überhaupt technisch habe gelingen können, jemanden auf den Mond zu befördern. Scheinbar naturwissenschaftliche Argumente führten und führen die NASA-Skeptiker bis heute ins Feld: So flattere auf Filmaufnahmen der Mondlandung die US-Fahne, obwohl ohne Atmosphäre gar kein Wind wehen könne. Die Echtheit des von den Astronauten mitgebrachten Mondgesteins wird ebenso angezweifelt wie die von ihnen vollzogenen Sprünge. Viele weitere „naturwissenschaftliche" Belege werden angeführt, bis hin zur Behauptung, auf einem Stein sei der Buchstabe „c" zu lesen. Es handle sich also um ein falsch platziertes Requisit.

Auf all diese Behauptungen gibt es triftige Antworten. Die Fahne etwa flatterte, weil sie zuvor von einem Astronauten berührt worden war. Das Mondgestein wurde von zahlreichen Wissenschaftlern untersucht, die feststellten, dass es auf der Erde nicht vorhandene Bestandteile enthält. Das dubiose „c" findet sich nicht auf den ersten Bildern nach der Landung. Vermutlich handelte es sich um ein Härchen oder eine Staubfluse, die beim Entwickeln der Fotos in der

Dunkelkammer auf einem der Abzüge landete. Diese Ausführungen nehmen die Mondlandungskritiker allerdings ebenso wenig zur Kenntnis wie andere Bilder, die ihrer Skepsis widersprechen könnten, wie zum Beispiel ebenfalls aufgezeichnete Sprünge, die auf der Erde nicht möglich sind.

Aus Sicht des italienischen Semiotikers Umberto Eco sprechen noch weitere Gründe gegen die angebliche Inszenierung. So sei es quasi unmöglich, hunderte von Beteiligten in einem amerikanischen Studio über Jahrzehnte dazu zu bringen, nicht über den gigantischen Betrug zu sprechen. „Beweis des Schweigens" nennt er dieses Phänomen, für das er in Zusammenhang mit der Mondlandung noch ein weiteres Argument nennt, das kaum zu widerlegen ist: „Wenn das amerikanische Raumschiff nicht auf dem Mond gelandet wäre, hätte sich damals jemand klar und deutlich dazu geäußert, denn es gab jemanden, der in der Lage war, es zu überprüfen, und der ein Interesse daran gehabt hätte, die 'Wahrheit' ans Licht zu bringen, nämlich die Sowjetunion. Dass die Sowjets damals geschwiegen haben, ist für mich der Beweis, dass die Amerikaner wirklich auf dem Mond gelandet sind."

Nur eine Fälschung? Angeblich hinterließ noch kein Mensch Fußspuren im Mondsand

Mächtige Echsenmenschen

Erscheinen die Belege für die angebliche Vortäuschung der Mondlandung zumindest pseudo-naturwissenschaftlich, so wirkt eine andere Verschwörungstheorie auf den ersten Blick komplett kurios. Der britische Autor David Icke, ein ehemaliger Fußballprofi, stellte die These auf, außerirdische Reptiloide hätten die Weltherrschaft übernommen. Bei Reptiloiden handelt es sich um seit langem auf der Erde lebende Mischwesen aus Echsen und Menschen, die insgeheim die globalen Eliten durchsetzt hätten und sich von der negativen Energie der Menschen ernährten. In Menschengestalt besetzten sie wichtige Positionen, auf denen sie versuchten, eine „Neue Weltordnung" zu errichten. Die englische Queen, aber auch Barack Obama, Hillary Clinton und Angela Merkel seien solche „Gestaltwandler". Nur manchmal blitze ihre „wahre Natur" auf. In langsam abgespielten Videos sei sie zu sehen, wenn die länglichen Pupillen und spitzen Zähne der Reptiloide erkennbar würden. Auf YouTube fanden Videos, die die „wahre Natur" von Politikern bewiesen, weite Verbreitung. Immerhin vier Prozent der Amerikaner glauben laut einer Umfrage von 2013 an die Existenz von Ickes Echsenmenschen. Auf den ersten Blick handelt es sich bei David Ickes Verschwörungstheorie um eine Variante der Ideen um die Area 51 und um eine harmlose Spinnerei. Gefährlich ist jedoch die Verknüpfung mit der Idee einer „Neuen Weltordnung", in die unter anderem auch antisemitische Vorstellungen einfließen. Viele Verschwörungstheoretiker hängen zudem nicht allein Ickes kruden Spinnereien an. Häufig teilen sie auch den Glauben an andere Verschwörungstheorien.

Krude. Selbst die englische Königin halten
Verschwörungstheoretiker für einen „Reptiloiden"

Brandgefährlich – Politische Verschwörungstheorien heute

Es wird noch einmal richtig ernst. Verschwörungstheorien erhalten heute in der politischen Diskussion nicht nur stärkeres Gewicht, mitunter werden sie regelrecht gefährlich. Menschen misstrauen den Regierungen (wofür es mitunter auch ganz gute Gründe gibt), zweifeln die Realität von 9/11 an, unterstellen der „Lügenpresse", im Bund mit der (von ausländischen Mächten kontrollierten) Regierung zu sein oder sehen ein Bündnis alter weißer Männer hinter dem „kapitalistischen Weltsystem", das von den „Bilderbergern" gesteuert wird.

Islamistische Terroristen entführten am 11. September 2001 vier Passagierflugzeuge in den USA. Zwei davon steuerten sie in die Zwillingstürme des New Yorker World Trade Centers, eines in das Pentagon, das Gebäude des US-Verteidigungsministeriums. Ein weiteres Flugzeug stürzte bei Pittsburgh ab, vermutlich, weil sich die Passagiere gegen die Terroristen wehrten. Die Zwillingstürme brachen in sich zusammen, nahezu 3.000 Menschen kamen bei den Anschlägen ums Leben.

Umberto Eco beschreibt den Anschlag vom 11. September 2001 als „König aller Komplotte". Es gibt zu diesem Terrorakt eine Menge Verschwörungstheorien. Der libanesische Fernsehsender al-Manar verbreitete die Nachricht, in den Wolkenkratzern tätige Juden hätten am 11. September einen Hinweis erhalten und seien nicht zur Arbeit gekommen. Tatsächlich kamen mindestens 200 Menschen mit israelischem Pass um, außerdem noch mehrere hundert amerikanische Juden.

Werden wir angelogen?

Der amerikanische Film *Loose Change* (engl. wörtlich „Loses Kleingeld", sinngemäß „Beginnender Wandel") wurde zunächst 2005 von zwei Amateuren bei YouTube veröffentlicht. Der Film suggeriert, die Regierung Bush habe von dem Anschlag profitiert. Da die Regierung das Attentat unter anderem zum Anlass für diverse militärische

Bauernopfer? Angeblich waren die Zwillingstürme in New York Ziel eines CIA-Komplotts

Aktionen nahm, wurde ihr als „Nutznießer" zugeschrieben, es geplant zu haben. Möglicherweise, so eine weitere Verschwörungstheorie, plante sie den Anschlag zwar nicht, wusste jedoch von den Plänen der Terroristen und ließ sie gewähren, um einen Vorwand für die militärischen Schläge gegen Afghanistan und den Irak zu erhalten. Außerdem existiert die Vorstellung, einer der verschiedenen amerikanischen Geheimdienste habe den Anschlag vielleicht ohne Wissen der Regierung geplant. In jedem Fall nehmen die Verschwörungstheoretiker an, dass die offizielle Version eine Verfälschung ist. Für die eigene Variante der Geschehnisse arbeitet der Film *Loose Change* mit vielen verschiedenen Bildern aus ganz unterschiedlichen Kontexten, die jedoch zu einer scheinbar folgerichtigen Story verarbeitet werden. So werden etwa Aufnahmen anderer Flugzeugabstürze neben Bilder des Pentagon gestellt, das bei den Anschlägen getroffen wurde. Sie sollen suggerieren, dass hier eine gezielte Sprengung vorlag. Dabei berücksichtigt der Film allerdings die jeweiligen Umstände nicht, also zum Beispiel, um welchen Flugzeugtyp es sich handelte oder wie voll der Kerosintank des Fliegers war.

Zufälle, die von der „offiziellen" Version nicht erklärt werden, geraten auf diese Weise zu Argumenten für die Verschwörungstheorie.

Der Amerikanist Michael Butter erläutert:

„Naturwissenschaftler wissen, dass selbst bei Experimenten im Labor immer wieder Dinge geschehen, die nicht geschehen sollten, die man aber getrost ignorieren kann, wenn genug andere Faktoren in eine bestimmte Richtung weisen. Für Verschwörungstheoretiker werden aber gerade diese ‚errant data' zum Ausgangspunkt ihrer Argumentation. Weil in ihrem Weltbild kein Platz für Zufälle und Widersprüche ist, muss etwas anderes hinter den Inkongruenzen stecken."

Ein Beispiel für solche „Daten, die irren" ist etwa die Tatsache, dass der Pass eines der Attentäter auf einem New Yorker Bürgersteig in der Nähe der zerstörten Zwillingstürme gefunden wurde. Die Verschwörungstheoretiker behaupten, der Pass sei dort absichtlich platziert worden, um den Verdacht auf arabische Terroristen zu lenken. Zufällige Ereignisse werden für die Verschwörungstheoretiker zum Beleg für ihre Argumente. Ähnlich wie bei der Mondlandung sieht Umberto Eco hier erneut einen „Beweis des Schweigens" wirksam:

„Um nun einen vorgetäuschten Anschlag auf die Twin Towers zu organisieren [...] wäre die Mitwirkung wenn nicht Tausender, so doch zumindest Hunderter von Personen nötig gewesen. Die zu solchen Zwecken eingespannten Personen sind jedoch gewöhnlich keine Gentlemen, und es ist ganz undenkbar, dass nicht wenigstens eine von ihnen für eine entsprechende Summe geredet hätte."

Unter Verweis auf Begriffe wie Wahrscheinlichkeit, Umfang und Dauer der Verschwörung, Komplexität und Zahl der beteiligten Personen und Schaden-Nutzen-Abwägung lassen sich die amerikanische Regierung und ihre Geheimdienste rasch als Schuldige an dem Anschlag ausschließen. Hinzu kommt, dass eine tatsächliche, im Gefolge der September-Anschläge entstandene Verschwörung derselben US-Regierung von viel kürzerer Dauer und mit viel weniger Beteiligten rasch aufflog: die Unterstellung, der Irak kooperiere mit Osama bin Laden und horte Massenvernichtungswaffen. Dennoch bleibt die schärfste Waffe der Verschwörungstheoretiker bis auf weiteres wirksam, nämlich die Methode, nur „Fragen" zu stellen, die sich nicht ohne weiteres entkräften lassen. Letztlich lässt sich auf diese Weise hinter jedem Weltereignis eine Verschwörung konstruieren.

Zeichenhaft: „Richtig"
gefaltet zeigt die 20-Dollar-
Note angeblich Bilder der
am 11. September 2001
getroffenen Gebäude

Die Neue Weltordnung

In einem engen Zusammenhang mit dem 11. September steht die
bereits mehrfach erwähnte Idee der „Neuen Weltordnung" (NWO).
Zwar ist der Begriff der „Neuen Weltordnung" schon älter, zu einer einflussreichen Verschwörungstheorie wurde er jedoch in den
1990er Jahren vor allem in den USA. Rechtskonservative oder in anderer Weise radikale Politiker wie Pat Buchanan oder Louis Farrakhan
argwöhnten, internationale Organisationen würden versuchen, die
Macht in den Vereinigten Staaten zu übernehmen und eine „Neue
Weltordnung" zu errichten. Dabei mischen sich alte Verschwörungs-
erzählungen wie die über die *Protokolle der Weisen von Zion*, Vorstellungen über die Illuminaten, , die angebliche Verschwörung der
Finanzwelt gegen die USA, oder auch die angebliche Verbreitung
von AIDS durch die amerikanische Regierung unter Afro-Amerika-
nern mit neuen Ereignissen wie dem Zusammenbruch der Sowjetunion oder den jugoslawischen Nachfolgekriegen der 1990er
Jahre. Auch der Anschlag auf das World Trade Center lässt sich aus
dieser Warte im Kontext der „Neuen Weltordnung" interpretieren.

Der bekannteste Propagandist der „Neuen Weltordnung" heute ist der Journalist und Medienunternehmer Alex Jones, der nicht zuletzt auch bei der Wahl Donald Trumps zum US-Präsidenten mitmischte. Die sogenannte NWO-Verschwörung birgt etliche Gefahren: Sie fördert den Antisemitismus und sie begünstigt Leichtsinn gegenüber tatsächlichen Gefahren, etwa wenn Anhänger der NWO-Verschwörung die Corona-Pandemie verharmlosen. Ihre starke Verbreitung in den Vereinigten Staaten treibt das Land zudem weiter in den Isolationismus. Einer der angeblichen Pläne der geheimen Weltregierung ist nämlich, die amerikanischen Soldaten zu Auslandseinsätzen zu schicken, während fremde Truppen insgeheim die Machtübernahme in Amerika vorbereiten. Letztlich gefährdet diese Verschwörungstheorie damit auch die Sicherheit Deutschlands, das zu seinem Schutz auf die Anwesenheit amerikanischer Soldaten angewiesen ist.

Weltherrscher Norbert Röttgen?

Vierhundert Polizisten schützten im Juni 2016 das vornehme Dresdener Hotel Taschenbergpalais. Insgesamt zwanzig Anmeldungen für Protestaktionen waren bei der Stadt Dresden eingegangen. Zu Demonstrationen oder Mahnwachen riefen unter anderem die NPD, die AfD, die Antifaschistische Aktion, Anonymous Dänemark und eine Gruppe namens *Lovestorm people* auf. Ziel der Proteste war die sogenannte Bilderberg-Konferenz.

In der Vorstellung von Verschwörungstheoretikern sind die Protagonisten der „Neuen Weltordnung" so geschickt, dass sie vorzugsweise im Geheimen operieren. Die Namen der eigentlichen Weltherrscher sind nicht bekannt – die die ihrer Helfershelfer aber sehr wohl. Als Handlanger der Weltregierung oder gar als heimliche Herrscher selbst gelten auch die sogenannten Bilderberger: Paul Rijkens, der Präsident des Konzerns Unilever, Prinz Bernhard von den Niederlanden und Joseph Retinger, ein exil-polnischer Politikberater und ehemaliger Jesuiten-Novize, regten in den frühen 50er-Jahren eine Konferenz an, auf der sich wichtige Personen der westlichen Welt treffen sollten, um ungestört über politische, wirtschaftliche oder militärstrategische Fragen debattieren zu können. Erstmals fand das Treffen Ende Mai 1954 im holländischen Oosterbeek im Hotel de Bilderberg statt.

Da es sich um ein informelles Treffen handelt und die Teilnehmer nur in sehr allgemeiner Form davon berichten dürfen, ohne etwa Zitate bestimmten Personen zuzuweisen, umweht die Konferenz die Aura des Geheimnisses. Anzeichen dafür, dass auf den Treffen nachhaltige Entscheidungen getroffen werden, gibt es nicht wenige. So wird hier angeblich festgelegt, wer der nächste Bundeskanzler wird: „Angela Merkel wurde 2005 eingeladen, und ein paar Monate später war sie die mächtigste Frau Deutschlands. Helmut Kohl war 1980 dabei und wurde zwei Jahre später zum Kanzler gekürt. Helmut Schmidt konnte seine Bilderberg-Teilnahme 1973 schon ein Jahr später mit der Kanzlerschaft krönen", so fasst es Nicolai Kwasniewski zusammen.

Abgesehen von diesen trivial-semiotischen Operationen gibt es die tatsächlich ernsthafte Kritik, Zirkel wie die Bilderberger operierten außerhalb der demokratisch vorgegebenen Strukturen. Ähnliche Gruppen, wenn auch mit geringerem Verschwörungstheorienpotential, gibt es zuhauf, zum Beispiel die *Mont Pèlerin Society*, die Zusammenkunft am Bohemian Grove oder die amerikanische Denkfabrik *Council on Foreign Relations* (engl. Rat für auswärtige Beziehungen). Letztlich ließe sich auch jedem lokalen Rotary- oder Lions-Club vorwerfen, dort würden sich elitäre Zirkel abseits demokratisch vorgegebener Strukturen treffen – entsprechende Unterstellungen, die die Mitgliedschaft Angela Merkels bei Rotary verschwörungstheoretisch deuten, lassen sich tatsächlich im Internet finden. Informelle Gespräche finden letztlich bei jeder Zusammenkunft statt, zum Beispiel auch, wenn sich der Bürgermeister am Rande des Schützenfestes mit dem Landrat über die Errichtung von Windrädern verständigt.

Weiterführend ist vielleicht der Verweis darauf, wie viele Projekte von Teilnehmern der Bilderberg-Konferenz scheitern. Bundeskanzler Ludwig Erhard verlor sein Amt 1966, im Jahr seiner Teilnahme an der Konferenz. Ebenso erging es seinem Amtsnachfolger Gerhard Schröder im Jahr 2005. Schaut man sich die Liste der deutschen Teilnehmer bei Wikipedia an, findet man zwar viel politische Potenz, aber durchaus auch etliche weniger wirkungsvolle Figuren wie den nicht unbedingt von dauerhaftem Erfolg gesegneten CDU-Politiker Norbert Röttgen, der 2014 an der Konferenz teilnahm. Allmacht sieht anders aus.

Zielgruppen: Steinzeitmenschen oder Paranoiker?

Der englische Romanschriftsteller John le Carré, der sich in seinem Werk seit Jahrzehnten darum bemüht, mythische Vorurteile zu zertrümmern, stellte kürzlich resigniert fest: „Eines Tages wird mir sicher jemand erklären können, warum zu einem Zeitpunkt, an dem die Wissenschaften so weit sind wie nie zuvor, die Wahrheit so offensichtlich ist wie nie zuvor und das Allgemeinwissen so leicht verfügbar ist wie nie zuvor, Populisten und Lügner derart Konjunktur haben."

In Krisenzeiten werden Verschwörungstheorien besonders virulent. Wichtige Persönlichkeitsmerkmale bei Verschwörungstheoretikern sind Angst, Wahnvorstellungen, Projektionen oder eben das Gefühl, von einer persönlichen oder gesellschaftlichen Krise besonders bedroht zu sein. Häufig finden sich Verschwörungstheoretiker in gesellschaftlichen Gruppen, die von einem Umbruch am stärksten betroffen sind. Wenn entsprechende gesellschaftliche, psychische und soziale Faktoren zusammenkommen, erleben Verschwörungstheorien eine besondere Blüte.

Anders als Richard Hofstadter mit dem Blick auf die Vereinigten Staaten in einem Aufsatz aus dem Jahr 1964 behauptete, sind Verschwörungstheoretiker nicht im besonderen Maße paranoid veranlagt. Forscher weisen darauf hin, dass in bestimmten Zeiten die Mehrheit der Bevölkerung an Verschwörungstheorien glaubte, dass also hier nicht von einer besonderen Anomalie gesprochen werden sollte. Längst gelten Verschwörungstheorien nicht mehr als „Religion für Geisteskranke", sondern als zwar unerwünschte, nichtsdestominder jedoch alltägliche Erscheinung moderner Gesellschaften.

Botschafter des Kanzleramts?

Regelmäßig finden sich in deutschen Medien Zahlen darüber, wie groß oder wie gering das Vertrauen der Bevölkerung in sie ist – je nach Kommentator werden die Befunde unterschiedlich gedeutet. Unter der Überschrift „Vertrauen in deutsche Medien bleibt kons-

Der Psychologe Sebastian Bartoschek argumentiert, dass das Erkennen von Mustern zu den im Rahmen der Evolution erworbenen Grundeigenschaften des Menschen gehöre: „Dem Donnergrollen folgte der Blitz, dem Rascheln im Gebüsch mitunter der Säbelzahntiger. Auch wenn nicht immer dem Rascheln der Tiger folgte, zeigte es sich als evolutionär bessere Strategie, lieber einmal zu oft auszuweichen". Verschwörungstheorien geben also manchem zunächst das Gefühl, sie schützten vor Gefahren.

Hinzu kommt ein weiterer Umstand: Menschen nehmen Informationen, die ihren Vorurteilen und eben Mustern entsprechen, stärker wahr als andere. Daher lassen sich Verschwörungstheoretiker ungern von widersprechenden Sachverhalten verwirren, sondern suchen eher die Echokammern auf, die sie in ihren Auffassungen bestätigen, sei es im Internet oder in der Wahl von Freundschaften. Als individueller Faktor kommt zu diesen allgemeinpsychischen Bedingungen heute nicht selten das mangelnde Erleben von Selbstwirksamkeit hinzu. Verschwörungstheoretiker können zwar in hohem sozialen Ansehen oder guten wirtschaftlichen Verhältnissen stehen: Offenbar steigt aber durch die Erfahrung, mit seiner Tätigkeit oder seinen Ansichten nichts bewirken zu können, die Neigung, die eigene Situation dem Einwirken böser Kräfte zuzuschreiben. Das Empfinden von Kontrollverlust kann also die Bereitschaft fördern, an Verschwörungstheorien zu glauben.

Bestätigung findet diese Beobachtung in Untersuchungen, die in den Vereinigten Staaten angestellt wurden: Verschwörungstheorien sind hier besonders bei Schwarzen und bei Anhängern der politischen Rechten verbreitet. Jene sehen sich zu Recht häufig in einer unterprivilegierten Situation, diese fühlen sich und ihre Interessen im vermeintlich linken Mainstream der Medien missachtet.

tant" stellte etwa „Die Zeit" im März 2019 fest, dass 44 Prozent der Menschen den „etablierten Medien in wichtigen Fragen" vertrauten. Ein Viertel der Befragten stimmte der Aussage zu, „die Medien arbeiten mit der Politik Hand in Hand, um die Meinung der Bevölkerung zu manipulieren" – von einem breiten Grundvertrauen kann also, deutet man diese Umfrage etwas kritischer, nicht die Rede sein.

Immerhin 18 Prozent waren 2019 der Auffassung, von den Medien systematisch belogen zu werden.

Nicht zuletzt erleben viele auch die Einseitigkeit einiger Medien als störend. Diesen Umstand führen Verschwörungstheoretiker, wie etwa die frühere Tagesschausprecherin Eva Herman, die mittlerweile zu einer Leitfigur der verschwörungstheoretischen Szene avancierte, auf eine angebliche „Gleichschaltung" der Medien zurück.

Der Begriff der Lügenpresse hat eine lange, bis ins 19. Jahrhundert zurückreichende Geschichte. Schon kurz nach der Französischen Revolution kamen Vorwürfe auf, geheime Gruppen würden die Presse steuern. Immer wieder wurden entsprechende Unterstellungen im Verlauf des 19. und des 20. Jahrhunderts laut. Besonders vernehmbar erschollen in der jüngsten Vergangenheit Parolen wie „Lügenpresse halt die Fresse!" bei Demonstrationen der sogenannten Patriotischen Europäer gegen die Islamisierung des Abendlandes, kurz PEGIDA. Autoren wie der ehemalige WDR-Journalist Gerhard Wisnewski oder der inzwischen verstorbene Udo Ulfkotte, der bis 2003 bei der *Frankfurter Allgemeinen Zeitung* tätig war, schrieben über angebliche Praktiken der Vertuschung von wahren Tatsachen durch die Medien, die durch die Politik und Geheimdienste gelenkt würden. Als „Überläufer" suggerierten Wisnewski, Ulfkotte oder die bereits erwähnte Eva Herman besondere Glaubwürdigkeit – ähnlich wie es ehemalige Jesuiten im 17. Jahrhundert taten.

Es ist überhaupt keine Frage, dass es in der Presse manchmal sachlich nicht ganz zutreffende Berichte und eine gewisse Tendenziosität gibt. Journalisten, die sich eher als „Volkserzieher" denn als kritische Berichterstatter verstehen, sind auch nicht unbedingt eine Seltenheit. Zudem ist besorgniserregend, dass das Vertrauen vieler Menschen in die traditionellen Medien erodiert, auch in Abhängigkeit von der politischen Haltung. Während in Großbritannien etwa Menschen aller politischen Richtungen Vertrauen in die Qualität der Arbeit der BBC setzen, ist laut einer Reuters-Studie in Deutschland in Bezug auf die öffentlich-rechtlichen Sender „das Vertrauen im linken Lager [...] höher als bei der rechten politischen Konkurrenz", wie die *Frankfurter Allgemeine Zeitung* schreibt.

Stein des Anstoßes war bei vielen die Berichterstattung über die große Migrationsbewegung des Jahres 2015, die hauptsächlich eine Folge des Krieges in Syrien war. Eine Studie zur Berichterstattung in den Nachrichtensendungen von ARD und ZDF sowie in der *Frankfurter Allgemeinen* und der *Süddeutschen Zeitung* zeigte bereits 2017, dass die Nachrichtensendungen im Fernsehen zum Beispiel wohlwollender über die Interessen der Migranten berichteten als dies die großen überregionalen Zeitungen taten. Häufiger griff das Fernsehen – was auch in der Natur des Mediums liegt – zu emotional aufrührenden Bildern als die Zeitungen. Damit wirkten sie nicht zuletzt maßgeblich am Entstehen der sogenannten „Willkommenskultur" mit. Anders als Verschwörungstheoretiker meinen, berichteten die Medien nicht einseitig und schon gar nicht von Anfang an im Sinne der Bundeskanzlerin: „Am 4. September entschied Angela Merkel, die noch am 15. Juli bei einem Bürgerdialog in Rostock den Unterschied zwischen Kriegsflüchtlingen und Migranten hervorgehoben und erklärt hatte, nicht alle könnten kommen und bleiben, die Grenze zu öffnen. Wenn sich jemand angepasst hat, dann nicht ‚die' Medien an die Politik, sondern die Politik an die von der Masse der Elendsbilder des Fernsehens ausgelösten Emotionen der Politik", analysieren die Kommunikationswissenschaftler Hans Mathias Kepplinger und Marcus Maurer.

Selbstverständlich berichten Medien mitunter fehlerhaft, mitunter einseitig und mitunter tendenziös. Nicht belegbar ist allerdings, dass dahinter ein geheimer Plan steckt. Ein aus dem Englischen stammendes Sprichwort (dessen Urheberschaft manchmal auch Napoleon zugesprochen wird) umfasst den Sachverhalt präzise: Schreibe nicht dem Vorsatz zu, was durch Inkompetenz erklärt werden kann!

Der Große Austausch

In engem Zusammenhang mit der angeblichen Lügenpresse steht der Plan vom sogenannten „Großen Austausch". Er beschreibt die Idee, die massenhafte Einwanderung nach Europa, vor allem die Migrationsbewegung des Jahres 2015, beruhe auf dem Plan „eine[r] bestimmte[n] Gruppe von Machtmenschen des globalen Finanzsystems […], die sich die Welt aus ihrem Kapitalsammelbecken heraus untertan machen will." Das Ziel dieser Verschwörung, an der unter anderem auch „die gleichgeschalteten Massenmedien" mitwirkten, sei, „das Volk in den Untergang [zu] führen". Diese Zitate stammen von der ehemaligen Tagesschau-Sprecherin Eva Herman. Veröffentlicht wurden sie zuerst in der rechtspopulistischen Zeitschrift *Compact*. Genaue Urheber des finsteren Plans nennt Herman nicht. Sie stellt wiederum vor allem Fragen, um hinter bestimmten Sachverhalten ein System mutmaßlich zu machen. So fragt sie zum Beispiel, warum vor allem junge Männer nach Europa kämen, woher diese das Geld für die Schleuserbanden hätten und warum so viele über ein Smartphone verfügten. Die unausgesprochene Antwort lautet: Jemand gab es ihnen mit einer bestimmten Absicht. Dieser „jemand" waren vermutlich nicht die deutschen Politiker, denn anders als im Lügenpressekomplott angenommen, werden die Politiker hier zu „Marionetten" der Medien.

Wenn man Hermans Ausführungen glaubt, ist das Ziel des „Großen Umtauschs", vor allem Migranten aus islamischen Ländern nach Europa zu bringen. Mögliche abweichende Antworten auf die pseudo-investigativen Fragen, die sie stellt, erwägt Herman nicht. Dass die europäischen Staaten jeweils sehr unterschiedlich auf die Einwanderungsbewegung reagierten, scheint ihr Bild von der großen Verschwörung ebenfalls nicht zu trüben. Und auch, dass die Reaktion der Bundesregierung eher auf Planlosigkeit denn auf das Vorhandensein eines umfassenden Plans hindeutet, stört Herman offenkundig wenig.

Sprachrohre. Steuert das Kanzleramt die deutschen Zeitungen?

Sänger im Schattenreich?

Lange Zeit im Schatten der medialen Aufmerksamkeit bewegten sich die sogenannten Reichsbürger. Diese behaupten, bei der Bundesrepublik Deutschland handle es sich nicht um einen rechtmäßigen Staat, vielmehr existiere das Deutsche Reich juristisch gesehen weiter. Die Bundesrepublik Deutschland ist in diesem Denken eine Firma, eine GmbH, die von den ehemaligen Besatzungsmächten kontrolliert wird. Öffentliche Aufmerksamkeit erhielt diese Bewegung vor allem im Oktober 2016, als ein Reichsbürger im mittelfränkischen Georgensgmünd einen Polizisten erschoss, der gemeinsam mit zwei Kollegen Schusswaffen beschlagnahmen wollte. Reichsbürger behaupten unter anderem, der Personalausweis sei ein Beleg dafür, dass es sich bei der Bundesrepublik Deutschland um eine Firma handle, denn ansonsten müsse es ja „Personenausweis" heißen. Zu den bekanntesten Unterstützern der Szene zählt der Pop-Sänger Xavier Naidoo. Ein Lied seiner Band „Söhne Mannheims" fasst die Ideologie der Reichsbürger aussagekräftig zusammen. Parlamente werden in Naidoos Diktion zu „Puppentheaterkästen", Politiker geraten hier zu „Marionetten", die an der „Nabelschnur Babylons" hängen. Der Verweis auf Babylon spielt auf die Offenbarung des Johannes an, die ein zentraler Text für religiös inspirierte Verschwörungstheoretiker ist.

Zentrales Argument der Reichsbürger ist der Teilsatz eines Urteils des (von ihnen paradoxerweise nicht anerkannten) Bundesverfassungsgerichts, in dem es heißt, die Bundesrepublik Deutschland sei nicht „Rechtsnachfolger" des Deutschen Reichs. Dass im weiteren Verlauf des Satzes ausgeführt wird, sie sei vielmehr „identisch" mit diesem, übersehen die Anhänger der Reichsideologie geflissentlich.

Bis zum Polizistenmord in Georgensgmünd galten die Reichsbürger bestenfalls als „Spinner". Mittlerweile sieht auch der Verfassungsschutz die Gefahr, die von der lose organisierten Gruppe ausgeht. Viele Reichsbürger zählen zur rechtsextremen Szene. Als im Februar 2020 eine rechtsextremistische Terrorzelle ausgehoben wurde, gehörten zu den dreizehn Festgenommenen auch Reichsbürger.

Linke Verschwörungstheorien

Rechtsextremistische und rechtspopulistische Gruppen nutzen Verschwörungstheorien in großem Umfang, um das demokratische System zu destabilisieren. Doch wie sieht es auf der anderen Seite des politischen Spektrums aus? Haben die Verwerfungen des 20. Jahrhunderts dafür gesorgt, dass die sich für soziale Gerechtigkeit und Minderheitenschutz einsetzenden Kräfte gegen Verschwörungs- und Mythendenken immunisiert sind? Leider nein. Auch Linke nutzen Verschwörungstheorien, um den Zusammenhalt im eigenen Lager zu stärken und das Bild eines feindlich gesinnten, verbrecherisch handelnden Staates zu zeichnen. Das wichtigste Beispiel ist die sogenannte „Todesnacht von Stammheim". In der Nacht zum 18. Oktober 1977 nahmen sich die drei inhaftierten RAF-Terroristen Andreas Baader, Jan-Carl Raspe und Gudrun Ensslin das Leben, eine vierte Gefangene, Irmgard Möller, überlebte schwerverletzt. Möller behauptete anschließend, es habe sich um als Suizid inszenierte Morde durch staatliche Behörden gehandelt – eine Verschwörungstheorie, die heute als widerlegt gilt, aber immer noch im Umlauf ist. Vielmehr verfolgten die RAF-Häftlinge nach Aussage anderer RAF-Mitglieder das Ziel, die Bundesrepublik Deutschland als Unrechtsstaat darzustellen, dessen Vertreter Morde als Selbstmorde tarnten.

Auch im Kampf gegen tatsächliche Missstände schießen manche über das Ziel hinaus. So sind verschwörungstheoretische Denkweisen auch bei nicht wenigen Autoren der Geschlechterforschung oder der postkolonialen Studien festzustellen. Ein Beispiel: Rassismus und Fremdenfeindlichkeit sind auch in Deutschland sehr ernstzunehmende und bedrohliche Probleme. Diese Phänomene aber als Ergebnis einer gigantischen, jahrhundertelangen Verschwörung darzustellen, scheint fragwürdig. Tatsächlich wurden rassistische Weltdeutungen genutzt, um den bereits bestehenden Kolonialismus zu rechtfertigen. Das macht die Sache nicht besser, sollte aber doch zur Kenntnis genommen werden. Und sei das eigene Anliegen auch noch so wichtig: Es ist nicht ratsam, Verschwörungstheorien als Argument dafür in den Dienst zu nehmen.

Gekaufte Wissenschaft? – Chemtrails, Corona und der Antichrist

Von Flugzeugen hinterlassene Streifen am Himmel, Barcodes auf den Verpackungen, Fluorid in der Zahnpasta oder Gift in der Impfspritze: Hinter nahezu allen Erscheinungen der modernen Welt scheint es einen dunklen Zweck zu geben. Wissenschaftliche Erkenntnisse wie der Klimawandel oder auch die Existenz des Mittelalters unterliegen einem Generalverdacht. Warum ist unsere scheinbar aufgeklärte Gegenwart so anfällig für Verschwörungstheorien?

Der Medienwissenschaftler Gundolf Freyermuth stellte bereits 1998 fest, dass das Internet die Verbreitung von Verschwörungstheorien fördert. Zwar ist hin und wieder die Auffassung zu lesen, dass das Internet letztlich nur der besseren Vernetzung von „Teil- und Gegenöffentlichkeiten" diene. In weiten Teilen der Gesellschaft seien Verschwörungstheorien nach wie vor stigmatisiert. Nichtsdestominder lässt sich nicht von der Hand weisen, dass Anhänger von Verschwörungstheorien ihren politischen Einfluss in den vergangenen Jahren stetig erweitern konnten.

In jedem Fall gelangen Menschen, die zum Glauben an Verschwörungstheorien neigen, nun einfacher an ihre „Informationen". Verschwörungstheoretische Werke werden nicht mehr im Selbstverlag auf schlechtem Papier herausgebracht, sondern finden als Video via YouTube Millionen Abnehmer. Als Verstärker wirken sogenannte Echokammern oder Filterblasen: Die Algorithmen der Suchmaschinen und sogenannten Sozialen Medien bieten dem Suchenden Seiten an, die denen ähneln, die er bereits in der Vergangenheit aufgesucht hat. Auf diese Weise landen Menschen, die sich in der Vergangenheit für bestimmte Verschwörungstheorien interessierten, bei der nächsten Recherche erneut wieder bei solchen. Seriöse Zeitungsredaktionen in Deutschland prüfen vor der Veröffentlichung, ob ein Beitrag oder auch nur ein Leserbrief offenkundige Falschmeldungen oder Beleidigungen enthält. Doch Websites wie Facebook oder YouTube, hinter denen milliardenschwere Konzerne stecken, leisten sich keine entsprechenden Redaktionen, die Beiträge auf Faktizität prüfen.

Verschwörungstheoretiker stehen den etablierten Eliten kritisch gegenüber und betrachten wissenschaftliche Ergebnisse zumindest mit Skepsis. Dennoch erwecken sie in ihren Publikationen selbst bevorzugt den Anschein von Wissenschaftlichkeit. Wenn Autoren der Szene über einen wissenschaftlichen Titel wie „Dr." oder „Prof." verfügen, wird dieser in der Regel demonstrativ verwendet – auch wenn etwa eine Promotion in Biologie selbstverständlich wenig bedeutet, wenn sich ein Autor auf geschichtswissenschaftliche Themen verlegt. Fußnoten und Statistiken fanden in verschwörungstheoretischen Werken ebenfalls von Anfang an Anwendung: Allerdings neigen Verschwörungstheoretiker dazu, nur diejenigen Werke zu zitieren, die ihre These belegen. Häufig führen sich Verschwörungstheoretiker gegenseitig als Beleg an und bilden auf diese Weise einen verschwörungstheoretischen Zirkel.

Gefangen in Filterblasen: Im Internet
tummeln sich auch Verschwörungstheoretiker

Gefälschte Vergangenheit?

Sieger schreiben die Geschichte. Und in einem begrenzten Rahmen lässt sich die Vergangenheit dadurch fälschen. Der sowjetische Diktator Josef Stalin etwa ließ in neuen Auflagen der Geschichte der Kommunistischen Partei der Sowjetunion, deren Lektüre für Parteifunktionäre verbindlich war, die Rolle Trotzkis und anderer führender Bolschewiken klein- und umschreiben. Fiel jemand beim Diktator in Ungnade, wurden Fotos mit ihm retuschiert, seine Bücher aus den Bibliotheken genommen, sein Name fiel der *Damnatio memoriae* (lat. Verdammnis des Andenkens) zum Opfer. Allerdings funktioniert eine solche Geschichtspolitik nur in den regionalen und zeitlichen Grenzen eines totalitären Regimes. Dennoch gibt es solche Ideen auch in Bezug auf die westeuropäische Geschichte der vergangenen anderthalb Jahrtausende. Auch gegen die etablierte Geschichtswissenschaft richten sich entsprechende Verschwörungstheorien.

Der deutsche Germanist Heribert Illig etwa behauptet, die Jahre 614 bis 911 nach Christus seien eine bloße Erfindung. Der byzantinische Kaiser Konstantin VII., Kaiser Otto III. und Papst Silvester II. hätten die sogenannte „Phantomzeit" erfunden, um ihre Regierungsspanne ins symbolträchtige Jahr 1000 verlegen zu können. Eine aufwendig geplante, gigantische Fälschung von Dokumenten in ganz Europa wäre die Folge dieser Verschwörung gewesen, schließlich hätten zum Beispiel in hunderten von Klöstern Europas die Chroniken umgeschrieben werden müssen. Illigs Thesen sind in ihrer Konsequenz so abwegig, dass sie von Fachwissenschaftlern mehrerer historisch arbeitender Disziplinen denn auch verworfen wurden. Illig wendet in seiner Arbeit die bei Verschwörungstheoretikern seit jeher beliebten Methoden an: Belege, die seinen Thesen widersprechen, ignoriert er. Außerdem legt er an Quellen nicht die Maßstäbe ihrer Zeit, sondern seine eigenen an, denen sie natürlich nicht gerecht werden können.

Hat Karl der Große in der Argumentation Illigs nicht existiert, mutiert er bei dem russischen Mathematiker Anatoli Fomenko gleichsam zum Russen: Fomenko, der viel mit Namensspielereien arbeitet, sieht die lautliche Nähe von „Karl" zum slawischen „kralj" (sk. König) oder „korol" (russ. König) als Beleg für die These, die ägyptische, griechische und römische Antike habe es in dieser Form nicht gegeben. Vielmehr hätten slawische Stämme zwischen dem vierzehnten und sechzehnten Jahrhundert die kulturellen Segnungen der Antike nach Westeuropa gebracht: Mongolen, Türken, Waräger, Wikinger und auch Tataren und Mongolen weist Fomenko in seiner Theorie eine völlig neue Rolle zu. Nebenbei verlegt er auch die Geburt Jesu Christi um 1000 Jahre. Fomenkos „Neue Chronologie" dient auch in der neuen russischen Großmachtpolitik als Argument. So bezog sich unter anderem Präsident Putin darauf, als er die annektierte Krim „zum Heiligen Land des Russentums" stilisierte, wie Felix Philipp Ingold beobachtet.

Verstrahlter Himmel?

Eine regelrechte Verschwörungsbranche profitiert von der Idee, sogenannte *Chemtrails* (engl. Chemiestreifen) würden uns vergiften. Dahinter steckt die Idee, Flugzeuge würden massenhaft giftige Stoffe sprühen: Die von ihnen hinterlassenen Linien sind also in dieser Vorstellung keine Kondensstreifen, sondern chemische Waffen. Verschiedene Schuldige kommen für diese Massenvergiftung in Frage: Regierungen, aber auch internationale Organisationen wie die UNO, die wiederum als Teil der „Neuen Weltordnung" agieren, werden verdächtigt. Zu ihren Zielen gehören angeblich die Reduzierung der globalen Erwärmung durch eine Reduzierung der Bevölkerung und die Kontrolle des Wetters. Es kursiert auch die Idee, die *Chemtrails* dienten als Raketenabwehrschirm oder militärische Datenleitungen. Auch die Meinung, *Chemtrails* seien für das Bienensterben verantwortlich, ist geläufig. Zusätzlich werden die Ideen verbreitet, die *Chemtrails* ließen mit Hilfe des versprühten Rauschgifts das Volk willenlos werden oder es handle sich um Viren und Bakterien, die die Menschen ausrotten sollen.

Gegen die *Chemtrails* helfen sogenannte *Chembuster*, anderthalb Meter große Gerätschaften aus sechs Kupferrohren mit einer Kunstharzpyramide auf der Spitze, die man im Garten oder auf dem Balkon aufstellen kann. Angeblich halten sie die schädlichen Strahlen ab. Sparfüchse können einfach kleinere pyramidenförmige Gegenstände namens *Orgonit* auf die Fensterbank stellen. Auch Döschen mit Globuli sollen, beim Spaziergang in die Tasche gesteckt, gegen *Chemtrails* helfen. In Amerika wird sogar auf Babylätzchen und in Kinderbüchern vor dem Phänomen gewarnt, doch auch in Deutschland ist diese Verschwörungstheorie populär.

Allerdings ist die Gegenhilfe nicht gerade günstig: Im *Orgon-Shop*, einem Internet-Versandhandel, kostet ein großer *Orgonit* 170,- Euro. Ein *Chembuster* – die „Königsklasse" des Schutzes vor

Chemtrails – ist derzeit ab 780,- Euro zu erwerben. Immerhin verbindet sich mit dem Schutz vor schädlichem *E-Smog* auch die Möglichkeit, das Wetter zu beeinflussen. Im *Orgon-Shop* wird darauf hingewiesen, dass der *Chembuster* auch vermehrten Regenfall in Trockengebieten mit sich bringe. Erfahrungsberichte im Online-Shop des sich „Weltenlehrer" nennenden Händlers scheinen die Wirksamkeit des Gerätes zu bestätigen:

„Ich war ziemlich verblüfft, als prompt mitten über den [sic] zentralen Wirkkreis vom CB [=Chembuster] eine lange Sprühspur zu sehen war. […] Die Spur hat sich ziemlich schnell aufgelöst. […] Ich höre hier auch oft Flugzeugmotoren. Das müssen tieffliegende Flugzeuge sein, weil man die normalen Verkehrsflugzeuge nicht hören kann. Alles Anzeichen, dass da oben aktuell tatsächlich viel mehr passiert als wir ahnen. Ich möchte auch nicht wissen, was da alles von oben an Nanopartikeln runterkommt. Gestern hat mir eine Bekannte erzählt, dass hier momentan jede Menge Leute eine Lungenentzündung haben. Grippe wäre ja relativ normal, aber Lungenentzündung?"

Die Idee der *Chemtrails* lässt sich vermutlich auf tatsächlich stattfindende Wettermanipulationen mit Hilfe von Flugzeugen zurückfüh-

Schädliche Streifen? Angeblich sollen „Chemtrails" die Bevölkerung dezimieren

ren. Auch Überlegungen in den USA, die Kraft der Sonnenstrahlen durch einen Schutzschirm in der Atmosphäre zu mindern, um der Erderwärmung entgegenzuwirken, wirken hier vermutlich nach. Versprühte Chemikalien ließen sich bislang jedoch weder in der Luft noch am Boden feststellen. Meteorologen halten die weißen Linien am Himmel auch weiterhin für Kondensstreifen: Abhängig von Tem-

Phänomen mit Langzeitwert?

Mitunter findet sich in der Forschung die Auffassung, Verschwörungstheorien gebe es erst seit der Neuzeit. Daniel Pipes etwa sieht ihr Aufkommen nach der Französischen Revolution. Da es im Mittelalter noch keine „Öffentlichkeit" gegeben habe, habe damit eine wichtige Voraussetzung für Verschwörungstheorien gefehlt, nämlich die Möglichkeit ihrer medialen Verbreitung, argumentiert Michael Butter. Tatsächlich bot jedoch auch das Mittelalter bereits die Möglichkeit, Verschwörungstheorien massenhaft unters Volk zu bringen: Bettelmönche verbreiteten sie in wahren Hetzpredigten, die Tausende von Zuhörern erreichten. Auf Kirchenbildern, die jeden Sonntag von den Gläubigen betrachtet wurden, sind Darstellungen von angeblichen jüdischen Verschwörungen wie dem „Hostienfrevel" zu finden.

Vermutlich ist Umberto Eco, einem der scharfsinnigsten Denker, der sich mit dem Thema beschäftigte, zuzustimmen, wenn er behauptet: „Das Verschwörungssyndrom ist so alt wie die Welt". Wolfgang Wippermann hingegen sieht den Ursprung des verschwörungstheoretischen Denkens im christlich geprägten Mittelalter, genauer gesagt in dem Glauben, „dass für jegliches Übel in der Welt der Böse schlechthin – der Teufel – verantwortlich ist". Diese Annahme sagt aber, ähnlich wie die Idee, es handle sich bei Verschwörungstheorien in islamischen Staaten um ein aus dem Westen importiertes Phänomen, vermutlich mehr über ihre Autoren aus als über die Geschichte des verschwörungstheoretischen Denkens.

Verschwörungstheorien sind links und rechts im politischen Spektrum zu beobachten – wobei sie auf der Linken mitunter etwas besser getarnt zu sein scheinen, was Daniel Pipes einer gewissen „Pfiffigkeit" der politischen Linken zuschreibt.

peratur, Wind und Luftfeuchtigkeit bilden diese sich unterschiedlich aus. Wie gegen viele andere Verschwörungstheorien spricht auch in diesem Fall, dass der organisatorische und personelle Aufwand immens wäre: Piloten und Flughafenpersonal auf unzähligen Flughäfen müssten mitmachen und seit Jahren über die gigantische Verschwörung schweigen.

Manches deutet darauf hin, dass Verschwörungstheorien vor allem in Ländern, die stark vom mythologischen Denken geprägt sind, grassieren. Im Gegensatz zu Verschwörungstheorien gehen Mythen – grob gesagt: erfundene Erzählungen, die behaupten, Tatsachen zu berichten – nicht unbedingt von heimlichen Komplotten aus. Das können religiöse Erzählungen sein, wie zum Beispiel Geschichten über die Schöpfung; in der Moderne verstehen wir unter Mythen aber auch andere Erzählungen, die bestimmte Sachverhalte erklären und damit ein Verständnis der Welt anbieten. Der ehemalige Ostblock und vor allem das Gebiet, auf dem die Sowjetunion bestand, war über die Jahrzehnte des Kommunismus in allen Lebensbereichen von mythischen Erzählungen geprägt. Das ausgeprägt mythische, mit verschwörungstheoretischem Denken gepaarte Bewusstsein trägt sicher einiges dazu bei, dass Verschwörungstheorien heute in Ländern wie Russland oder Polen hohe Aktualität besitzen.

Vielleicht ist es zudem ein Grund dafür, dass sie in den USA, in denen es ja durchaus nicht selbstverständlich ist, die Faktizität der biblischen Schöpfungsgeschichte anzuzweifeln zu dürfen, hohe Popularität besitzen. Auch in Deutschland sind Verschwörungstheorien heute weit verbreitet, wenngleich dem Anschein nach weniger als in Russland oder in den USA. Ihre politischen Vertreter von links und rechts genießen jedoch gerade im Osten, in dem mythisches Denken seit 1933 über zwei Systeme hinweg Staatsraison war, größere Popularität als im Westen. Dennoch: Wissenschaftlich geprägte Bildung immunisiert nicht gegen den Glauben an Verschwörungstheorien. Heute machen sich Verschwörungstheoretiker den wissenschaftlichen Habitus für die Verbreitung ihrer Ideen zunutze. Man muss also genau hinschauen, um ihre Argumentationsmuster zu entlarven.

Stechende Schmerzen...

In vielen Staaten der Welt ging in den vergangenen Jahren die Zahl der Impfungen in hohem Maße zurück – eine Entwicklung, die dafür verantwortlich ist, dass der sogenannte Herdenschutz gegen Krankheiten wie Masern oder sogar Pocken mancherorts nicht mehr greift. In Deutschland starben nach Schätzungen des Robert-Koch-Instituts zwischen 2007 und 2017 190.000 Menschen an Erkrankungen, vor denen sie sich durch eine Impfung hätten schützen können. Dieses Phänomen ist sicher zum Teil auf die Faulheit und Nachlässigkeit vieler Eltern zurückzuführen. Zu einem anderen und sicher nicht weniger wichtigen Teil ist dafür das Engagement organisierter Impfgegner verantwortlich. Mitunter ist zwar die Meinung zu lesen, nicht jeder Impfgegner sei ein Verschwörungstheoretiker. Sicher werden auch seriöse Mediziner nicht jedem zwangsläufig jede Impfung empfehlen. Bislang etwa erscheint es verzichtbar, alle Deutschen gegen Cholera zu immunisieren. Prinzipielle Impfgegner jedoch, die der Auffassung sind, dass das Impfen grundsätzlich gefährlich sei und Krankheiten fördere, lassen sich durchaus generell als Verschwörungstheoretiker bezeichnen. Letztlich glauben sie, dass hinter dem Impfen allein die Profitinteressen der Pharmaindustrie stecken. Den Behörden unterstellen Impfgegner in diesem Zusammenhang, bewusst die Gefahren des Impfens herunterzuspielen.

Häufig sind es medizinische Laien oder gescheiterte Mediziner, die gegen das Impfen hetzen: Die extremistischen Impfgegner Karl Krafeld und Stefan Lanka etwa vergleichen das Impfen mit dem „Holocaust" – eine unfassbare Geschmacklosigkeit. Ein prominenter Impfgegner ist der einstige Gastroenterologe Andrew Wakefield, der seine ärztliche Zulassung 2010 verlor. Der Engländer hatte 1998 eine Studie mit gefälschten Daten veröffentlicht, die einen Zusammenhang der Impfungen gegen Masern, Mumps und Röteln mit Autismus belegen sollte. Wakefields Veröffentlichungen und nicht zuletzt sein Film *Geimpft! Vaxxed. Die schockierende Wahrheit!?* trugen dazu bei, Menschen vor allem in Amerika gegen das Impfen einzunehmen. Aus Wakefields Sicht ist das US-Gesundheitsamt Teil der Verschwörung, denn es vertusche die Verbindung der Masernimpfung mit Autismus. Neuen Auftrieb erhielten Impfgegner zumindest zeitweise wieder während der Corona-Krise. Die Propaganda gegen eine Pflichtimpfung gehörte zum Standardrepertoire der Anti-Corona-Demonstrationen.

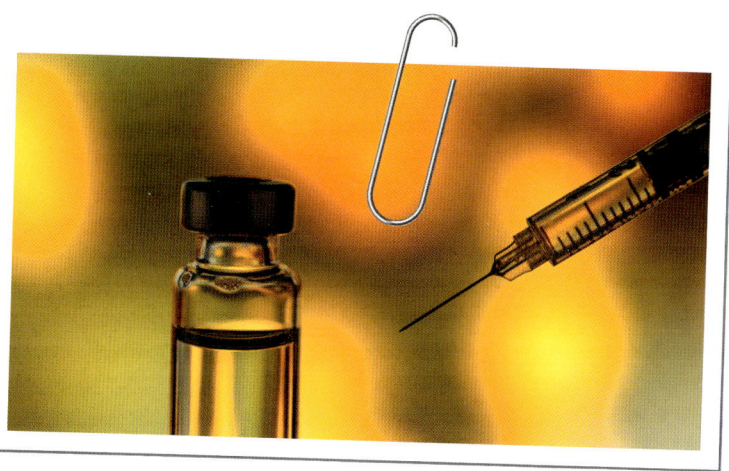

Profitgier? Ein Komplott von Pharmabranche und Politiker vermuten Impfgegner hinter dem Kampf gegen ansteckende Krankheiten

Geheime Botschaften des Antichrists?

Seit den 1980er Jahren verbreitete sich die dann in den 1990er Jahren besonders in Russland populäre Idee, die Barcodes auf (westlichen) Produkten enthielten verschlüsselte Verweise auf die Herrschaft des Antichrists. Der Antichrist ist eine Figur der Heilsgeschichte, der bereits im Neuen Testament als „falscher Messias" und „Sohn des Verderbens" erwähnt wird. Er verkörpert damit das Prinzip der Dunkelheit, das kurz vor dem Ende der Zeit in den finalen Kampf mit den Mächten des Lichts eintritt. Verbunden mit der Vorstellung vom Antichrist sind daher in besonderer Weise apokalyptische Deutungen der Weltgeschichte: Kriege, Naturkatastrophen und Seuchen lassen sich als Zeichen der Ankunft des Antichrists deuten. Die Vorstellung vom Antichrist war besonders im Russland der Jahrhundertwende um 1900 populär. Die Figur findet sich nicht zuletzt auch in den *Protokollen der Weisen von Zion*. Aber auch heute lassen sich die Zeichen der Ankunft des Antichrists, wenn man will, in allen möglichen Weltereignissen finden. Generell tendieren Verschwörungstheoretiker dazu, häufig Symbole der Verschwörung zu entdecken (etwa auf der amerikanischen Ein-Dollar-Note). In besonderer Weise gibt es jedoch unter den Antichrist-Gläubigen eine nahezu paranoide Bereitschaft, überall solche bedeutungsvollen Zeichen zu sehen. Neugeborenen werde das „Siegel des Antichrists" unter die Haut transplantiert. Auch die Steuernummer und eben Barcodes werden damit identifiziert. Mit Hilfe eines Supercomputers, der drei Stockwerke im Brüsseler EU-Hauptquartier einnehme, kontrolliere der Antichrist die Menschen in Europa.

Eine nicht ganz so phantasievolle Deutung der Barcodes mutet dagegen etwas harmloser an. So gibt es die Idee, die Barcodes würden Gift absondern und die Menschen krank machen. Auch hier steckt angeblich die geheime Weltregierung hinter der Verschwörung. Tatsächlich sind vor allem in Bio-Läden und Reformhäusern zahlreiche Produkte zu finden, die bereits ab Werk „entstört" sind. So gibt es etwa Quellwasser, auf dem der Barcode mit einem Unendlichkeitssymbol bedruckt ist. Mitunter sind die Barcodes auch einfach durchgestrichen. Geschäftemacher verkaufen im Internet aber auch Tabletts oder „Heilsterne" zur „Neutralisierung von Barcodes und negativen Informationen". Legt man seinen Einkauf auf das Tablett, ist er angeblich neutralisiert. Für zehn Euro lässt sich ein Entstörstift erwerben. Bis auf das Etikett sieht dieser wie ein normaler Filzstift aus. Ein Schelm, wer Übles dabei denkt!

Ganz so harmlos wie sie auf den ersten Blick anmutet, ist auch diese Verschwörungstheorie nicht. Anhänger der Idee einer „Neuen Weltordnung" befürchten, dass „den Menschen eine ähnliche Markierung eintätowiert wird". Der Bombenattentäter von Oklahoma City, Timothy Veigh, der bei seinem Anschlag auf ein Regierungsgebäude 168 Menschen tötete und 550 verletzte, glaubte, ihm sei während des Militärdienstes ein Chip in den Hintern implantiert worden. Eine Verwandtschaft besteht hier wiederum auch zu aktuellen Theorien rund um Corona, in denen davon ausgegangen wird, Bill Gates wolle alle Menschen mittels einer Impfung markieren lassen. Zumindest im Denken von Verschwörungstheoretikern lässt sich alles mit allem verbinden.

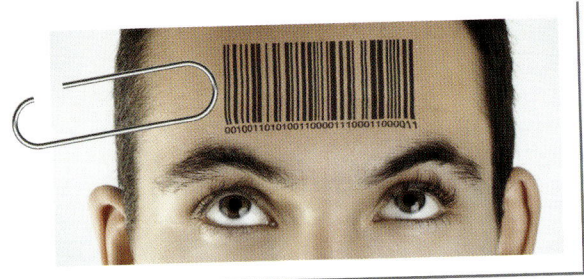

Abgestempelt? Barcodes gelten manchen als das Siegel des Antichrists

Schneeballwürfe auf den gesunden Menschenverstand

Im Februar 2015 erreichte das Niveau der amerikanischen Politik einen Tiefpunkt. Der achtzigjährige republikanische Senator James Inhofe präsentierte im US-Senat einen frisch zusammengerollten Schneeball. Solange es im Februar noch Schnee gebe, sei es um das Klima ja wohl nicht so schlecht bestellt – so die Botschaft, die Inhofe an sein Publikum richtete. Der Politiker steht mit dieser Auffassung nicht allein da. Viele Verschwörungstheoretiker glauben nicht daran, dass es den menschengemachten Klimawandel überhaupt gibt. Unterstützung genießen sie heute vor allem bei den amerikanischen Republikanern. Seit Donald Trump Präsident der Vereinigten Staaten von Amerika ist, erlangen sie in der dortigen Politik mehr Gehör, als sie sich wohl je vorstellen konnten. Trump hält den Klimawandel für eine Erfindung der Chinesen, die das Ziel habe, der amerikanischen Wirtschaft zu schaden. An Wissenschaftler richtet sich der Vorwurf, mit der These vom Klimawandel würden sie lediglich die Finanzierung ihrer Forschungsprojekte sichern wollen. In diesem Zusammenhang taucht wiederum die Vorstellung von der „Neuen Weltordnung" auf: Weltweite Maßnahmen gegen den Klimawandel hätten das Ziel, eine Weltregierung zu installieren. Das Umweltbundesamt weist darauf hin, dass Vertreter der Erdöl- und Gasindustrie gezielt Zweifel am Klimawandel weckten. Dazu bediene sich die Industrie nahezu verschwörerischer Mittel wie der Schaffung von pseudo-wissenschaftlichen Instituten.

Eine Verschwörungstheorie zum Klimawandel kommt allerdings auch aus einer ganz anderen Richtung: Roger Hallam, ein Mitbegründer der als links geltenden Umwelt-Aktivistengruppe *Extinction Rebellion* schrieb in einem Manifest, die „politische Ordnung" plane den Klimawandel als „kollektiven Selbstmord". Hallam sieht – ähnlich wie die den Klimawandel an sich negierenden Verschwörungstheoretiker – ein „korrumpiertes parlamentarisches System" mit einer „korrupten politischen Klasse" an der Spitze – ein klassischer Topos von Verschwörungstheoretikern, der an den judenfeindlichen Antiparlamentarismus der 1920er Jahre anknüpft. Judenfeindliche Züge haben auch die Unterstellungen, denen sich die schwedische Klimaaktivistin Greta Thunberg ausgesetzt sieht. Sie wird wahlweise als Marionette von George Soros oder der Rothschilds bezeichnet – übliche Verdächtige von Verschwörungstheoretikern. Mitunter bedienen sich allerdings auch Klimaschützer des Repertoires, das Verschwörungstheorien bieten. In seinem berühmten Video *Die Zerstörung der CDU* von 2019, das vielleicht entscheidenden Einfluss auf den Ausgang der Europa-Wahl hatte, behauptete der YouTube-Influencer Rezo, die CDU und RWE würden sich gegenseitig Geld zustecken. RWE erhalte Subventionen, weil Kommunalpolitiker bei dem Konzern auf der Gehaltsliste stünden – eine nicht bewiesene Unterstellung. Insbesondere sah Rezo eine Bestätigung seiner Verschwörungstheorie in einem Skandal aus dem Jahr 2004 und 2005. Seinerzeit traten zwei CDU-Politiker zurück, weil sie Geld von RWE erhalten hatten. Die Tatsache, dass die Politiker auf öffentlichen Druck ihre Positionen aufgaben, spricht jedoch freilich eher gegen die Unterstellungen des YouTubers. Festzuhalten bleibt allerdings auch, dass es in der Politik noch immer an Transparenz hinsichtlich von Nebeneinkünften mangelt: Zum Teil füttert die Politik damit auch die Verschwörungsunterstellungen, die sich gegen sie richten.

Zu betonen ist allerdings: Die Tatsache, dass auch Menschen, die für den Klimaschutz eintreten, Verschwörungstheorien für ihre Zwecke nutzen, bedeutet nicht, dass ihre Ziele falsch wären. Mitunter nutzen sie allerdings dieselben Methoden der Desinformation wie Verschwörungstheoretiker, die den Klimawandel leugnen.

Übers Ziel hinausgeschossen: Auch Klimaschützer berufen sich mitunter auf Verschwörungstheorien

Die wahrsten Ursachen von Corona

Weltweit wirksame Ereignisse rufen nahezu reflexhaft Falschmeldungen und Verschwörungstheorien hervor. So verhält es sich auch bei der Corona-Pandemie, die – von China ausgehend – die Welt 2020 nahezu zum Stillstand brachte. Massenweise Falschmeldungen verbreiteten sich mit Hilfe von Kurznachrichtendiensten um den Globus, darunter kuriose Anleitungen, wie man die Krankheit erkennt, sie vermeidet oder welche Supermärkte angeblich nur noch zwei Tage die Woche öffnen. Auch manipulierte Fotos von Bundeswehrsoldaten, die durch Innenstädte patrouillierten, machten die Runde. Häufig erhoben diese Meldungen den Anspruch, witzig zu sein, und hatten damit keinen in engerem Sinne verschwörungstheoretischen Charakter.

„Ist Corona wirklich der Grund dafür, dass Länder dichtgemacht werden und man nicht mehr auf die Straße darf? Oder ist vielleicht etwas anderes der wahre Grund, den wir aber nicht wissen?", so fragte eine bei Instagram aktive Influencerin im März 2020 ihre 744.000 Follower. Ging es in diesem Fall vermutlich nur darum, etwas Aufmerksamkeit zu erregen, so dienten Verschwörungstheorien rund um Corona zumeist doch handfesten politischen Interessen.

Waren in Deutschland zunächst Auffassungen verbreitet, dass die Nachrichten und Maßnahmen rund um Corona mindestens übertrieben seien, so befürchteten viele Menschen in Russland, dass die Regierenden das Ausmaß der Krise verschleierten. Von der russischen Regierung kontrollierte Auslandsmedien versuchten ihrerseits, durch Falschmeldungen Verunsicherung in den westeuropäischen Staaten zu verbreiten. So gab der Mediziner Claus Köhnlein dem Sender RT Deutsch ein Interview, in dem er behauptete, die Krankheit Covid-19 sei von Medizinern erfunden worden, um weltweit Profit aus dem neuen Phänomen ziehen zu können. Köhnlein hatte sich bereits in der Vergangenheit profiliert, etwa als Impfgegner, der auch die Existenz von AIDS und anderen Krankheiten in Zweifel gezogen hatte.

Über YouTube und Twitter streuten Verschwörungstheoretiker in den USA, die sich teilweise schon zu den Ereignissen vom 11. September 2001 einschlägig geäußert hatten, Ideen, die teilweise antisemitisch gefärbt waren. In Deutschland verbreitete Gerhard Wisnewski, ein ehemaliger WDR-Mitarbeiter, die These, die Weltgesundheitsorganisation (WHO) treibe gemeinsam mit den Chinesen und einer Stiftung des Microsoft-Gründers Bill Gates den Plan einer „totalen Machtergreifung" voran.

Der Moderator Sean Hannity, ein Vertrauter von Präsident Donald Trump, der beim Rundfunk und auch für den Fernsehsender Fox tätig ist, behauptete, es handle sich bei Corona um eine „Angst-Kampagne […] durch den Tiefen Staat", die „in die Geschichte als eine der größten Schwindeleien zur Manipulation der Wirtschaft und zur Unterdrückung von Widersprüchen" eingehen werde. Der „Tiefe Staat" oder *Deep State* ist ein derzeit besonders in Amerika gebräuchliches Schlagwort für eine Gruppe in den Behörden, der Armee oder der Wirtschaft, die angeblich einen Staat im Staate bilde, um ihre eigenen Interessen verfolgen zu können.

Eine andere, antisemitisch gefärbte Stimme behauptete die Verwicklung des Milliardärs George Soros in die Entstehung des Virus: „Keine einzige Medien-Redaktion hat George Soros' Verwicklung in die Grippe-Panik hinterfragt. Er ist IRGENDWIE daran beteiligt." Angeblich diente der allgemeine Lockdown einem geheim gehaltenen Plan der G7, die damit eine Währungsreform vorbereiteten. Der Sinn dieser großangelegten Operation blieb im Dunkeln.

In der Türkei verbreitete die Regierung die Idee, es handle sich bei der Pandemie um den Krieg einer „zionistischen Terrororganisation" gegen Länder wie Italien mit dem Ziel, von den fallenden Börsenkursen zu profitieren. Ähnliche Unterstellungen haben eine lange, antisemitische Tradition. Bedeutsam waren sie zuletzt im Zusammenhang mit den Anschlägen vom 11. September 2001. Das Regime im Iran, in dem die Pandemie besonders schrecklich wütete, machte hingegen die Amerikaner verantwortlich. Corona sei Teil eines „biologischen Kriegs" und „biologischen Terrors" der Amerikaner gegen Iran. Das Mullah-Regime versuchte vor allem auch vom eigenen Versagen abzulenken – ein klassisches Muster in Verschwörungstheorien. Auch Stimmen aus China, wie zum Beispiel der Diplomat Zhao Lijian, machten die US-Armee dafür verantwortlich, „die Epidemie nach Wuhan gebracht" zu haben.

Vom Vegan-Burger zum Wutbürger

In den „internationalen Sumpf des Irrsinns" (Der Spiegel) gerieten auch deutsche Prominente, wie der bereits notorisch als Verschwörungstheoretiker aufgefallene Sänger Xavier Naidoo und der durch seine veganen Kochbücher bekannt gewordene Attila Hildmann. Dieser sieht Corona als Instrument von Bill Gates und einer „kleine[n] Elite, die Böses im Schilde führt". Ziel sei es, die Weltbevölkerung zunächst drastisch zu reduzieren und die verbleibenden Menschen mit „einer Impfung [zu] chippen", um sie besser zentral steuern zu können. Ähnlich hatte das schon der Attentäter von Oklahoma City formuliert. Insgesamt geht diese Idee einmal mehr auf die Vorstellung der „Neuen Weltordnung" zurück und zeigt wiederum inhaltliche Verbindungen zu den Impf- und Barcode-Verschwörungstheorien.

Eine Rolle spielt in diesem Zusammenhang auch die sogenannte QAnon-Erzählung: Diese besagt, es gebe einen internationalen Kinderhändlerring, dem Angehörige der Eliten wie Politiker, Banker und Prominente angehörten. Aus dem Blut von Kindern, die in unterirdischen Lagern gehalten würden, werde ein Lebenselixier namens Adrenochrom gewonnen. Donald Trump erscheint in dieser Geschichte als weißer Ritter, der die Kinder im Schatten der Corona-Pandemie befreien wolle. Der QAnon-Mythos wirkt wie ein Wiedergänger der Ritualmord-Legenden, die sich gegen das Judentum richteten.

Anders als in den meisten anderen Ländern, in denen sich das Corona-Virus stark ausbreitete, bildete sich im Frühjahr 2020 in Deutschland eine Protestbewegung gegen die behördlichen Maßnahmen, die das Ziel hatten, die Verbreitung der Krankheit aufzuhalten und dieses offenkundig auch erreichten. Eine bunte Allianz aus Impfgegnern, die Zwangsimpfungen befürchteten, Linksradikalen und Libertären, die Kontrollmaßnahmen seitens des Staates ablehnten und Rechtspopulisten sowie Rechtsextremisten, die versuchten, die Proteste zu kapern, ging zu Tausenden auf die Straßen vieler deutscher Großstädte. Das öffentliche Bild der Proteste war von Verschwörungsgläubigen, Reichsbürgern und Impfgegnern geprägt. Im Spätsommer 2020 formierten sich auch in England Proteste, die von ähnlichen gesellschaftlichen Gruppen getragen wurden wie in Deutschland. Zu den Aktivisten einer Demonstration in London im August 2020 zählte unter anderem auch David Icke, der Erfinder der Reptiloide. Größer noch als der Protest war vielleicht ihr Widerhall in den Medien, der befürchten ließ, dass sich aus den Demonstrationen eine starke Wutbürgerbewegung bilden könnte.

Schluss: Verschwörungs-theorien und Eliten

Verschwörungstheorien sind nicht von den Gesellschaften zu trennen, in denen sie gedeihen. In der Bundesrepublik Deutschland gibt es einige Voraussetzungen, die es Verschwörungstheoretikern bislang erschweren, mit ihren Thesen Gehör zu finden. Ohne Zweifel ist die im Vergleich etwa zu Russland oder den USA geringere Neigung der Deutschen zum Mythenglauben ein Schutz vor wilden Ideen des Komplotts. Zur Selbstgerechtigkeit besteht jedoch kein Anlass, denn auch in Deutschland steigt seit einigen Jahren die Neigung, an Verschwörungstheorien zu glauben, wieder an: Nicht zuletzt die Auswüchse während der Corona-Krise bestätigen diese Beobachtung. Und dies betrifft nicht nur den Osten des Landes, in dem die mythenorientierten Diktaturen des Nationalsozialismus und des SED-Kommunismus über Jahrzehnte die Mentalität der Menschen beeinflussen konnten. Die Phantasien, die rund um Corona blühten, waren auch im Westen weitverbreitet.

Zarte Pflanze Vertrauen

Letztlich hat der Glauben an Verschwörungstheorien viel mit dem Verlust an Vertrauen zu tun, den sich die bundesdeutschen Eliten in den vergangenen Jahren regelrecht erarbeitet haben. Das evolutionär bedingte Streben, Muster zu erkennen, führt dazu, dass die Neigung, den Eliten zu vertrauen, schwinden – ein Umstand, den sich die Propagandisten von Verschwörungstheorien zunutze machen. Politiker wie Karl-Theodor zu Guttenberg oder Annette Schavan, die sich ihre akademischen Titel durch Schummeleien erschlichen und dennoch teilweise weich fielen, lassen manche an eine generelle Verderbtheit der politischen Kaste glauben. Nicht viel besser sah es in den Fällen anderer, nach wie vor in Amt und Würden agierender Politikerinnen aus, denen offenkundige Gefälligkeitsgutachten der Universitäten ermöglichten, ihre Titel und damit ihre Ämter zu behalten.

Betrügereien wie diese lassen zugleich das Vertrauen in die Wissenschaft schwinden. Nicht zuletzt diskreditieren sie die Arbeit derjenigen, die ihre Forschungen ehrlich betreiben. Viele Wähler haben offenbar das Gefühl, dass sich Wissenschaftler und Politiker von ihnen entfernt haben. Zweifellos rührt das Misstrauen, das während der Corona-Krise gegenüber den zuständigen Wissenschaftlern wie Virologen und anderen damit befassten Medizinern zu beobachten war, auch aus der Schwächung des Vertrauens, die einige wenige Angehörige der „Eliten" verursacht haben. Paradoxerweise bedarf es aber anderer Mitglieder der Eliten, um diese Fälle aufzuklären. Dass das möglich ist, beweist immerhin, dass wesentliche demokratische Mechanismen in Deutschland funktionieren.

Vertrauensschädigend ist zudem die über die vergangenen Jahre zumindest im Bewusstsein der Bürger gewachsene Bürokratie: Bei einer Umfrage im Februar 2020 gaben 80 Prozent der Menschen an, es gebe davon in Deutschland zu viel. Zugleich erhöhte sich auch der Anteil der Menschen, die meinten, der Staat greife zu stark in die Freiheit der Bürger ein, von 43 Prozent im Jahr 2012 auf 61 Prozent 2020. Mehrheitlich fühlen sich viele Menschen in ihrem beruflichen Alltag von bürokratischen Vorgaben behindert und gegängelt. Zweifelsohne werden viele Regeln für das Zusammenleben in einer komplexen Gesellschaft benötigt, aber ebenso zweifellos trügt das Empfinden, es hier mit einem Zuviel zu tun zu haben, nicht. Zuviel Bürokratie fördert das Gefühl des Kontrollverlusts und der mangelnden Selbstwirksamkeit und damit auf die Dauer auch die Verbreitung von Verschwörungstheorien.

Auch die Arroganz der Mächtigen bringt die Menschen gegen sie auf. In den meisten Bundesländern gibt es zum Beispiel das Instrument des Volksentscheids. Nun lässt sich zwar darüber diskutieren, ob diese Form direkter Demokratie sinnvoll ist. Wenn sie jedoch genutzt werden kann, sollten die Parlamente sie auch respektieren. Andernfalls droht das Vertrauen in die Demokratie erschüttert zu werden. Genau dies war beispielsweise 1998 beim Volksentscheid in Schleswig-Holstein gegen die sogenannte Rechtschreibreform zu beobachten. Der Landtag kassierte das unerwünschte Ergebnis des Volksentscheids kurzerhand ein. Damit handelte er juristisch einwandfrei, in moralischer Hinsicht jedoch wirkte sich das verheerend aus.

Es gibt also beileibe keinen Grund, sich über Verschwörungstheoretiker lustig zu machen. Die Eliten bieten durchaus nicht selten Anlässe für das Misstrauen, das ihnen gegenüber in breiten Teilen der Bevölkerung herrscht. Der polnisch-niederländische Politikwissenschaftler Jan Zielonka macht die Eliten für den Niedergang der

Demokratie und das Anwachsen sogenannter populistischer Tendenzen, die immer auch Verschwörungstheorien mit sich bringen, verantwortlich: Die Europäer hätten die liberalen Ideale von 1989 verraten. Der an ihre Statt getretene Neoliberalismus mit seinen Exzessen vor allem in der Banken- und Finanzkrise schädige den sozialen Zusammenhalt in Europa. Besonders kritisch sieht Zielonka die – von Populisten durchweg abgelehnten, immer stärker werdenden Bemühungen um politische Korrektheit. Sie bringe mit sich, dass Minderheiten heute die politischen Auseinandersetzungen dominierten – eine Entwicklung, die von der breiten Masse nicht zu verstehen sei.

Die EU werde von vielen als der demokratischen Kontrolle enthobener Überbau wahrgenommen, der „keine Ergebnisse mehr liefere, sondern nur noch Krisen zu lösen versuche, die zum Teil sogar hausgemacht seien", so die *Frankfurter Allgemeine Zeitung*. In Deutschland zelebriert die Politik ihre Inkompetenz nicht selten in aller Öffentlichkeit – man denke etwa an die vergeblichen Versuche, die Größe des Bundestags zu reduzieren. Auch wenn Fälle wie dieser eher auf Planlosigkeit deuten denn auf Komplotte im Hinterzimmer: Entscheidend ist, dass das Vertrauen in die Verlässlichkeit der Parlamente in den vergangenen gut zwanzig Jahren massiv erschüttert wurde – und zwar durch die Parlamente selbst. „Und das Vertrauen ist eine zarte Pflanze; ist es zerstört, so kommt es sobald nicht wieder", das wusste bereits der Reichskanzler Bismarck.

Doch wo Gefahr ist, wächst das Rettende auch. Wächst es *vielleicht*, möchte man allerdings hinzufügen. Indem sich Verschwörungstheorien vermehrten, nahm in den vergangenen Jahren auch das Engagement von Wissenschaftlern, Museumskuratoren, Politikern und Journalisten zu, die über das Thema aufklären. Teilweise ist auch bei Angehörigen der Eliten die Bereitschaft zu beobachten, Selbstkritik zu üben und durch unbequeme Schritte verlorenes Vertrauen zurückzugewinnen. Ein Beispiel ist etwa der freilich vorerst ergebnislose Einsatz des Bundestagspräsidenten Wolfgang Schäuble für die Verkleinerung des Bundestags.

Virenschleuder Internet

Fälle von korrupten oder inkompetenten Angehörigen der Eliten wird es auch in Zukunft geben. Wichtig ist, Strukturen zu schaffen, die geeignet sind, verlorengegangenes Vertrauen wiederherzustellen. Appelle an jeden einzelnen, sich im Kampf gegen die Seuche der Verschwörungstheorien zu engagieren, werden hingegen ähnlich verhallen wie die meisten Sonntagspredigten. Also sollten Strukturen geschaffen werden, die es Verschwörungstheoretikern erschweren, ihr Geschäft zu betreiben, und die zugleich die demokratischen Grundrechte wahren.

Wichtig erscheint es heute vor allem, die Rolle des Internets als verschwörungstheoretische Virenschleuder in den Blick zu nehmen. Ein einfacher Schritt wäre zum Beispiel die Anwendung des Presserechts auf Soziale Plattformen wie Facebook, YouTube oder Twitter, auf denen sich Verschwörungstheorien besonders aggressiv und ungehindert verbreiten. Die Einnahmen der Konzerne würden eine solche Maßnahme verkleinern, weil sie gezwungen wären, Redakteure einzustellen, die ähnlich wie die für Leserbriefe zuständigen Mitarbeitern von Tageszeitungen arbeiten müssten. Und die Nutzer müssten auf die Veröffentlichung eines Posts vielleicht etwas warten. Die Demokratie sollte uns das allerdings wert sein.

Eine wichtige Methode im Umgang mit Verschwörungstheorien ist das sogenannte *Debunking* (engl. Entlarven). Hierbei werden Verschwörungstheorien einzeln unter die Lupe genommen und auf ihren Wahrheitsgehalt geprüft. Allerdings sehen eingefleischte Verschwörungstheoretiker Gegenargumente oft auch als Beweis für ihre eigenen Behauptungen an. Ein Beispiel ist die oben geschilderte Reaktion fanatischer Antisemiten auf Nachweise, die *Protokolle der Weisen von Zion* seien gefälscht.

Auch das Lächerlichmachen ist ein häufig gebrauchtes Instrument in der Auseinandersetzung mit Verschwörungstheorien. Alljährlich verleiht etwa eine Gruppe von Aktivisten den Preis *Der goldene Aluhut* an die „beste Verschwörungstheorie". Satirisch behandeln auch die öffentlich-rechtlichen Medien nicht selten das Thema. Auch die Satire jedoch wird vorderhand überwiegend diejenigen erreichen, die Verschwörungstheorien ohnehin schon kritisch gegenüberstehen. Verschwörungstheoretiker selbst fühlen sich durch das Lachen der Anderen eher in die Ecke gestellt, werden ihre Meinung dadurch aber kaum ändern. Die öffentliche Aufmerksamkeit, die Satire erfährt, kann aber dazu dienen, das skeptische Publikum darüber aufzuklären, welche Verschwörungstheorien gerade im Umlauf sind. Nicht zuletzt ist es wichtig, in den Schulen das Wissen über Verschwörungstheorien zu stärken: Dies kann geschehen durch einen Ausbau des Geschichtsunterrichts oder durch die Aufnahme des Themas in den Deutsch-, Politik-, Sprach- oder auch Kunstunterricht. Die Bekämpfung von Verschwörungstheorien ist eine gesamtgesellschaftliche Aufgabe, die niemals ganz bewältigt sein wird.

Heraufbeschworen: Das Verhalten einzelner Angehöriger der „Eliten" bestärkt Verschwörungstheoretiker in ihrem Misstrauen

Dank

Meine erste wissenschaftliche Beschäftigung mit dem Thema Verschwörungstheorien rührt aus dem Jahr 2000. In einem Oberseminar bei Michael Hagemeister beschäftigten wir uns mit den Fragen von Faktum und Fiktion in der Geschichtswissenschaft. Diskussionen zum Thema prägten die Jahre als Doktorand am seinerzeitigen Lotman-Institut für russische und sowjetische Kultur der Ruhr-Universität Bochum. Den Kolleginnen und Kollegen aus der Geschichtswissenschaft und der Slavistik an der Ruhr-Universität, an der ich hin und wieder einen Lehrauftrag wahrnehme, bin ich für zahlreiche und tiefgehende Diskussionen über diese und ähnliche Fragen dankbar. Vor allem richtet sich der Dank an Michael Hagemeister, den aus meiner Sicht profundesten Kenner des Themas, dessen Arbeiten zu den *Protokollen der Weisen von Zion* Meilensteine der Forschung bilden. Er hat auch das entsprechende Kapitel im vorliegenden Band gegengelesen. Auch Klaus Waschik, dem ich unzählige kluge Hinweise auf in Bildern verwendete Propagandatechniken verdanke, möchte ich besonders nennen.

Nach Jahren der Beschäftigung mit Fakten, Fiktionen und Verschwörungstheorien hatte ich das große Privileg, im Jahr 2019 in der Stiftung Kloster Dalheim - LWL-Landesmuseum für Klosterkultur eine Ausstellung zum Thema organisieren zu dürfen, die dort von den ebenso wunderbaren wie klugen Kollegen Carolin Mischer, Dr. Helga Fabritius, Katharina Impelmanns, Andreas Joch und Rebecca Schmidt kuratiert wurde. Ihnen und dem wissenschaftlichen Beirat der Ausstellung bin ich ebenfalls für viele Anregungen dankbar, die sich aus intensiven Diskussionen über die komplexen Fragen des Verschwörungsdenkens ergeben haben.

Mein Dank gehört vor allem auch meinem Bruder Ulrich Grabowsky, der das gesamte Typoskript mit seinem Sachverstand als Historiker Korrektur gelesen hat. Meiner Familie danke ich für die Bereitschaft, an vielen Abenden und Wochenenden auf mich zu verzichten.

Dem Heel Verlag bin ich dankbar dafür, dass er den Mut hat, sich dieses nicht eben unumstrittenen Themas anzunehmen. Vor allem möchte ich Hannah Kwella und Elisabeth Lewerenz für die intensive Begleitung meines Manuskripts danken. Max Kaminski danke ich dafür, die Verbindung zum Verlag hergestellt zu haben.

Weiterführende Literatur

Arendt, Hannah: Elemente und Ursprünge totalitärer Herrschaft, 7. Aufl., München 2000.

Binder, Dieter A.: Die Freimaurer. Geschichte, Mythos und Symbole, Wiesbaden 2009.

Butter, Michael: „Nichts ist so, wie es scheint". Über Verschwörungstheorien, Berlin 2018.

Caumanns, Ute (Hg.): Wer zog die Drähte? Verschwörungstheorien im Bild, Düsseldorf 2012.

Chlewnjuk, Oleg W.: Das Politbüro. Mechanismen der politischen Macht in der Sowjetunion der dreißiger Jahre, Hamburg 1998.

Cohn, Norman: Die Protokolle der Weisen von Zion. Der Mythos von der jüdischen Weltverschwörung, Köln 1969.

Conquest, Robert: Der große Terror. Sowjetunion 1934 – 1938, München 1992.

Decker, Rainer: Hexen, Darmstadt 2010.

Demurger, Alain: Die Verfolgung der Templer. Chronik einer Vernichtung. 1307 – 1314, München 2017.

Eco, Umberto: Auf den Schultern von Riesen. Das Schöne, die Lüge und das Geheimnis, München 2019.

Friedrich, Markus: Die Jesuiten. Aufstieg. Niedergang. Neubeginn, München 2018.

Grüter, Thomas: Freimaurer, Illuminaten und andere Verschwörer. Wie Verschwörungstheorien funktionieren, 4. Aufl., Frankfurt am Main 2016.

Hagemeister, Michael: Die „Protokolle der Weisen von Zion" vor Gericht. Der Berner Prozess 1933–1937 und die „antisemitische Internationale", Zürich 2017.

Hepfer, Karl: Verschwörungstheorien. Eine philosophische Kritik der Unvernunft, Bonn 2016.

Hildermeier, Manfred: Geschichte der Sowjetunion. 1917 – 1991, München 1998.

Horn, Eva / Hagemeister, Michael: Die Fiktion von der jüdischen Weltverschwörung. Zu Text und Kontext der „Protokolle der Weisen von Zion", Göttingen 2012.

Ingold, Felix Philipp: Das Geschichtsbild der Neuen Chronologie, in: Merkur 71/819 (2017), S. 69 – 76.

Jones, Dan: Die Templer. Aufstieg und Untergang von Gottes heiligen Kriegern, München 2019.

Kaufmann, Thomas: Luthers Juden, Stuttgart 2014.

Lustiger, Arno: Rotbuch: Stalin und die Juden. Die tragische Geschichte des Jüdischen Antifaschistischen Komitees und der sowjetischen Juden, Berlin 1998.

Nocun, Katharina / Lamberty, Pia: Fake Facts. Wie Verschwörungstheorien unser Denken bestimmen, Köln 2020.

Pfahl-Traughber, Armin: Antisemitismus in der deutschen Geschichte, Berlin 2002.

Pipes, Daniel: Verschwörung, Faszination und Macht des Geheimen, München 1998.

Popper, Karl R.: Die offene Gesellschaft und ihre Feinde. II. Falsche Propheten. Hegel, Marx und die Folgen, 4. Aufl., München 1975.

Reinalter, Helmut (Hg.): Handbuch der Verschwörungstheorien, Leipzig 2018.

Reinalter, Helmut (Hg.): Typologien des Verschwörungsdenkens, Innsbruck 2004.

Sammons, Jeffrey L. (Hg.): Die Protokolle der Weisen von Zion. Die Grundlage des modernen Antisemitismus – eine Fälschung. Text und Kommentar, Göttingen 1998.

Sarnowsky, Jürgen: Die Templer. 2., durchgesehene Aufl., München 2017.

Wippermann, Wolfgang: Agenten des Bösen. Verschwörungstheorien von Luther bis heute, Berlin 2007.

Stiftung Kloster Dalheim. LWL-Landesmuseum für Klosterkultur / Grabowsky, Ingo (Hgg.): Verschwörungstheorien – früher und heute, Münster 2019.

Namensregister

A

Adamski, George (113)
Andreae, Johann Valentin (52)
Antonius, Marcus → Mark Anton
Arendt, Hannah (65)
Artus, König (109)
Augstein, Jakob (68)

B

Baader, Andreas (132)
Baden, Prinz Max von (76)
Baillet, Adrien (53)
Balsamo, Giuseppe
 (Graf Cagliostro) (57)
Barruel, Augustin de (22, 47-48, 63)
Berlitz, Charles (112)
Bernhard, Prinz der Niederlande
 (124)
Bernhard von Clairvaux (18)
Bismarck, Otto von (150)
Bode, Johann Joachim Christoph
(49, 56-57)
Bonifatius VIII, Papst (19)
Brecht, Bertolt (100)
Britannicus → Claudius Britannicus
Bucharin, Nikolai (92, 97)
Büchner, Georg (50)
Bussche, Christian Wilhelm
 von dem (49)

C

Caesar (Iulius Caesar, Caius) (12-14)
Caligula (Caius Caesar Augustus
Germanicus), röm. Kaiser (91)
Carvalho e Mello, Sebastião
 José de (37)
Casanova, Giacomo (44)
Castro, Fidel (108)
Catilina (Sergius Catilina, Lucius)
 (12-13)
Chamberlain, Houston Stewart (72)
Chamberlain, Neville (109)
Chayla, Graf Alexandre du (67)
Chruschtschow, Nikita (110)
Churchill, Winston (72)
Cicero (Tullius Cicero, Marcus)
 (12-13)
Claudius, Kaiser (14)
Claudius Britannicus (14)
Clemens V., Papst (19)
Clemens VI., Papst (26)
Clemens XII., Papst (45)
Clemens XIV., Papst (39)
Clinton, Hillary (118)
Comenius, Johann Amos (53)
Cromwell, Oliver (45)
Cyrano de Bergerac (111)

D

Danton, Georges (45)
Darwin, Charles (59)
Delp, Alfred (40)
Demosthenes (11)
Descartes, René (53)
Di Bernardo, Giuliano (44)
Diels, Rudolf (80)
Disraeli, Benjamin (50)
Dominikaner (33, 45)
Draude, Milda (95)
Dostojewski, Fjodor (66, 87)
Dschugaschwili, Josef → Stalin, Josef
Dühring, Eugen (82)
Dylan, Bob (106-107)

E

Eichmann, Adolf (65)
Eigendorf, Lutz (102)
Eisler, Hanns (100)
Ensslin, Gudrun (132)
Epstein, Edward Jay (107)
Erhard, Ludwig (125)
Ernst II., Fürst von Sachsen-Gotha-
Altenburg (56)

F

Feuchtwanger, Lion (96-97)
Fludd, Robert (53)
Fomenko, Anatoli (135-136)
Ford, Henry (65)
Forrestal, Jim (100)
Franz Ferdinand, Erzherzog
  von Österreich (42)
Friedrich II., Kaiser (26)
Friedrich Wilhelm II., König (54)
Fritsch, Theodor (82)

G

Gagarin, Juri (110, 116)
Garrison, Jim (107-108)
Gates, Bill (142, 145, 146)
Gedeon, Wolfgang (67)
Gföllner, Johannes Maria (79)
Godfrey, Edmund Berry (36)
Goebbels, Joseph (65, 80, 84)
Göchhausen, Ernst August von (45)
Goedsche, Herrmann (66)
Gregor I. der Große, Papst (24)
Greinemann, Ludwig (45)
Gruber, Hermann (69)
Grynszpan, Herschel (84)
Guggenheim, Benjamin (41)
Guttenberg, Karl-Theodor zu (148)

H

Haffner, Sebastian (82)
Hallam, Roger (143)
Hannity, Sean (146)
Heise, Karl (72)
Herman, Eva (38, 128, 129-130)
Herodes (45)
Hildmann, Attila (146)
Himmler, Heinrich (114)
Hitler, Adolf (40, 62, 66, 74, 77-79,
  80, 81- 83, 84, 94, 110, 115)
Homer (11, 111)
Hoover, Edgar (108)
Hugo von Payens (18)

I

Icke, David (118, 147)
Illig, Heribert (135)
Inhofe, James (143)
Iwanow (87)

J

Jacques de Molay (20)
Jakob II., König (36)
Jesus Christus (25, 45)
Johnson, Lyndon B. (108, 109)
Joly, Maurice (66)
Jones, Alex (124)

K

Kahr, Gustav Ritter von (82)
Kamenjew, Lew (90, 93, 95-96, 98)
Kant, Immanuel (48)
Karl, Kaiser (69)
Karl der Große, Kaiser (135)
Karl II., König (36)
Karl V., Kaiser (28)
Kaysing, Wilhelm (116)
Kennedy, John F. (8, 41, 47, 94, 99,
  105-109, 116)
Kennedy, Joseph (109)
Kennedy, Robert (108)
Kirow, Sergei (94-95)
Klausener, Erich (85)
Klemperer, Victor (83)
Knigge, Freiherr Adolph von (55)
Kohl, Helmut (125)
Köhnlein, Claus (145)
Konstantin VII., Kaiser (135)
König, Lothar (40)
Krafeld, Karl (140)

L

Landig, Wilhelm (115)
Lane, Mark (107)
Lanka, Stefan (140)
Laradan, Abbé (45)

Lenin, Wladimir (russ. Politiker)
  (88, 89-90, 96, 97)
Lennhoff, Eugen (74)
Lijian, Zhao (146)
Livius Drusus, Marcus (12)
van der Lubbe, Marinus (80)
Ludendorff, Erich (39, 73-74, 76, 82)
Ludendorff, Mathilde (39, 74)
Luther, Martin (27-28, 79)

M

Machiavelli, Nicolò (66)
von Mackensen, August (72)
Maier, Michael (53)
Mann, Thomas (69)
Mark Anton (Antonius, Marcus) (14)
Marx, Karl (59)
McCarthy, Joseph (99-102, 105)
McCloud, Russel → Mögle-Stadel,
  Stephan
Mehring, Walter (65)
Meier, Eduard „Billy" (113)
Merkel, Angela (118, 125, 129)
Messalina → Valeria Messalina
Mögle-Stadel, Stephan (Russel
McCloud) (114)
Mohammed (20)
Montesquieu, Charles de Secondat
  Baron de (66)

N

Naidoo, Xavier (131)
Napoleon Bonaparte (86, 129)
Nero, Kaiser (14-15, 16)
Netschajew, Sergei (87)
Nicolai, Friedrich (54)
Nietzsche, Friedrich (59)
Nikolaj II., Zar (66)
Nikolajew, Leonid (94)
Nilus, Sergei (58, 59, 60-61, 67)

O

Oates, Titus (34-36)
Obama, Barack (118)
Osama bin Laden (122)
Oswald, Lee Harvey (106-108)
Otto III., Kaiser (135)

P

Pascal, Blaise (37)
Pasquier, Etienne (33)
Philipp II., König (11)
Philipp IV. der Schöne, König
  (17, 18, 19-20, 86)
Pius XI., Papst (84)
Pontius Pilatus (24)
Popper, Karl (8, 9)
Puntigam, Anton (70)
Putin, Wladimir (136)

R

Radek, Karl (93, 96, 98)
Raspe, Jan-Carl (132)
Rathenau, Walther (65)
Ratschkowski, Petr (67)
Retinger, Joseph (124)
Rezo (144)
Rijkens, Paul (124)
de Robespierre, Maximilien (45)
Robison, John (48)
Röhm, Ernst (75, 81-82, 85, 94)
Rösch, Augustin (40)
Röttgen, Norbert (124-125)
Roosevelt, Franklin D. (75)
Rosenberg, Alfred (65, 78-79)
Rosenberg, Julius und Ethel (99)
Rosenkreuzer (22, 43, 52-54)
Ruby, Jack (106)
Rudolf II., Kaiser (53)
Rykow, Alexei (92)

S

Sallust (Sallustius Crispus, Caius) (13)
Schäuble, Wolfgang (150)
Schavan, Annette (148)
Schleicher, Kurt von (75, 82)
Schmidt, Helmut (125)
Schmitt, Carl (82)
Schröder, Gerhard (125)
Serrano, Miguel (115)
Silvester II., Papst (135)
Simon von Triest (26)
Sinowjew, Grigori (90, 93, 95-96, 98)
Snowden, Edward (93)
Solowjow, Wladimir (67)
Soros, George (143, 146)
Spee, Friedrich (30)
Spieker, Josef (39)
Stalin, Josef (Dschugaschwili) (62, 86, 88, 90, 91, 94, 95-96, 97-98, 103, 135)
Starck, Johann August von (49)
Straus, Isidor (41)
Streicher, Julius (28, 79)
Szabó, Ladislao (115)

T

Taxil, Léo (51-52)
Theoderich d. Gr., König (24)
Thomas von Monmouth (26)
Thunberg, Greta (143)
Tonge, Israel (36)
Trotzki, Lew (77, 90, 93, 98, 135)
Truman, Harry S. (99)
Trump, Donald (6, 38, 124, 143, 146, 147)
Tucholsky, Kurt (74)

U

Ulfkotte, Udo (128)

V

Valeria Messalina (14-15)
Vaughan, Diana (51-52)
Veigh, Timothy (142)
Verres, Caius (12-13)

W

Wakefield, Andrew (140)
Wakeman, George (36)
Walker, Edwin (107)
Webster, Nesta (62)
Weishaupt, Adam (48, 55-57)
Welles, Orson (111)
Wichtl, Friedrich (71)
Wilhelm I., Kaiser (50)
Wilhelm II., Kaiser (54, 65, 69, 72, 86)
William von Norwich (26)
Wisnewski, Gerhard (128, 145)
Witt, Louie Steven (109)
Wyschinski, Andrei (95-96)

Z

Zahorowski, Hieronymus (34)
Zimmermann, Johann Georg (46)